ISBN: 9781314256314

Published by:
HardPress Publishing
8345 NW 66TH ST #2561
MIAMI FL 33166-2626

Email: info@hardpress.net
Web: http://www.hardpress.net

Maurice Raynal / Picasso

PABLO GARGALLO PICASSO

# VON MAURICE RAYNAL

*Aus dem
französischen Manuskript
übersetzt von Dr. Ludwig Gorm
Zweite, vermehrte Auflage
Mit 8 Kupferdrucken und 99 Abbildungstafeln
nach Radierungen, Handzeichnungen,
Skulpturen und Gemälden*

Delphin-Verlag München

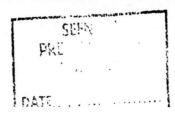

Das Recht
der Übersetzung in fremde Sprachen
ist vom
Delphin-Verlag München
zu erwerben.

*

Copyright 1921
by Delphin-Verlag
(Dr. Richard Landauer)
München

1056701

Druck der Spamerschen Buchdruckerei in Leipzig

Unsere Generation hat zwischen den Ausdrücken „Sinnlichkeit" und „Empfindungsvermögen" eine strenge Unterscheidung eingeführt; in ihr muß man den Sinn der Gegenwirkung suchen, die sich bereits mit dem Namen Picasso verknüpft. Durch sie haben wir gelernt, daß es in der Welt des Empfindungsvermögens ebenso Entdeckungen zu machen gibt, wie in der Physik. Diese Erkenntnis ist eine der Grundlagen für die gegenwärtige Ästhetik und besonders für die Picassos. Da jedoch keine Entdeckung sich auf den ersten Streich vollendet, so ist es natürlich genug, daß das Suchen nach einem neuen Weg in den letzten zwanzig Jahren oft durch das berechtigtste Schwanken offenbar wurde. Dieses Schwanken war übrigens häufig sehr fruchtbar. Lionardo da Vinci hat gesagt: „Der Maler, der nicht zweifelt, macht nur geringe Fortschritte. Sobald das Werk den Sieg davonträgt über die Wertschätzung, welche der Schaffende ihm entgegenbringt, macht dieser Schaffende überhaupt keine Fortschritte. Und wenn diese Wertschätzung größer ist als sein Werk, so hört er niemals auf, dieses Werk zu verbessern, wenn ihn die Habsucht nicht daran hindert." Wir sind weit von dem entfernt, was die Nachfolger des Impressionismus mit dem Ausdruck „verwirklichen" bezeichnen. Für sie heißt verwirklichen: jeden vergegenständlichten Eindruck sofort zur Vollendung bringen, im ersten Ansturm „das Maximum an Ertrag" aus ihrer „Erfindung" herausziehen; es heißt mit einem Wort: die Wahrheit finden. Nun findet man aber die Wahrheit nicht. Im Gegenteil, man verliert sie fortwährend aus dem Gesicht; denn sie entflieht uns, sobald wir sie zu berühren glauben: und so ist es nicht erstaunlich, daß das Werk Picassos wie Hermes zwei Gestalten hat. Wenn Picasso zwanzig Jahre mit den Toten zusammengelebt hat, so hat er weitere zwanzig

Jahre mit den Lebenden verbracht; beides geschah nicht vergeblich. Wir werden jedoch sehen, daß die Entdeckungen unseres Empfindungsvermögens trotz ihres individualistischen Anscheines sich stets mit den bekanntesten Kundgebungen dieses Empfindungsvermögens verknüpfen, und daß daher die Revolutionen in der Kunst innerhalb der ständigen Entwicklung des Menschengeschlechts nur vorübergehende Zuckungen sind.

Zur richtigen Einschätzung von Picassos Werk müßte man gleich anfangs einige von den Dingen aufzeigen, welche nach und nach die revolutionären und die evolutionistischen Wechselbewegungen der Kunst unserer Generation kennzeichneten.

Wie ich andeutete, ist es den Künstlern gegeben, gewisse unerforschte Gebiete unseres Empfindungsvermögens zu entdecken. Wenn man also gewisse seiner Eigentümlichkeiten herausstellt, noch bevor die psycho-physiologische Untersuchung einsetzt, so eilt man damit seiner Zeit nicht voraus, sondern man sieht einfach nur klarer als sein Nachbar. „Wir beachten nicht immer das, was wir wissen", hat Leibniz gesagt; man müßte hinzufügen: wir beachten auch nicht immer das, was wir „empfinden". Also haben diejenigen, welche eine solche Aufgabe auf sich nehmen, die menschliche Teilnahmlosigkeit, Gewohnheit und Furcht zu überwinden. Deshalb flüchtet sich das Heldentum in der Kunst immer mehr und mehr gegen die Endpunkte hin, das heißt gegen die erste Jugend oder gegen das späte Alter.

Die Tatsache, daß die angesehensten Kunstkritiker vor dem Werke Picassos alle stumm geblieben sind, insofern sie es nicht heftig angegriffen haben, ist so einer der besten Beweise für die Macht und die Bedeutung der persönlichen Leistung unseres Künstlers.

Die Kunstkritik scheint entweder aus einer gewissen logischen Unfähigkeit geboren zu sein, oder aus dem Widerstreben, die eigene komplizierte

Persönlichkeit aufzugeben, um sich der Individualität jedes Künstlers anpassen zu können. Ihr Handeln scheint einzig aus dem Wunsche zu stammen, ihre Beobachtungen zur größeren Bequemlichkeit für die Fassungskraft der Mehrzahl in einen Winkel auf einen unbeweglichen Haufen von Allgemeinheiten zu werfen. Die Verallgemeinerung ist aber ein zweischneidiges Schwert, das man nicht allen Händen anvertrauen darf. Sie ist eine Eroberung jener Weltanschauung, welche Henri Poincaré „Kommodismus" nannte; sie ist endlich eine Art Massengrab. Wundern wir uns also nicht, wenn der Wert von Werken, die das gewöhnliche Empfindungsvermögen etwas überschreiten, notwendigerweise der Kritik entgeht, die nur nach Urteilen zu entscheiden versteht, bei denen der Künstler, wie groß auch seine Begabung sein mag, stets schuldig erkannt wird, nur mit mehr oder weniger mildernden Umständen.

Die Ästhetik folgt geruhig dem Laufe der Quellen des menschlichen Empfindungsvermögens, jenseits von Raum und Zeit und jenseits von allen anderen Zufälligkeiten. Ihr sind die Bestrebungen der großen Künstler nicht so geheimnisvoll und nicht so zuwider, denn sie glaubt sich nicht verpflichtet, einzig und allein im Namen dogmatischer Kunstforderungen, ihrer Gesetzbücher, ihrer Urteile, ihres Verfahrens zu sprechen, im Namen jener Kunstgottheit, welche große Buchstaben nötig hat, um ihrer hohlen Autorität mehr Erhabenheit zu verleihen. Die Kunst hat kein Vaterland, aber den Göttern haben wir eines gegeben. In unserem jungen Glauben haben wir empfunden, daß die Kunst – diesmal ohne große Buchstaben – gewissermaßen ein Kind der Bohème ist, welches wie die Liebe niemals Gesetze anerkennen wird. Es wird niemals eine häusliche Kunst geben, wie es keine häusliche Liebe gibt. Wir weigern uns, daran zu glauben, daß die Formen der Zivil- und Kriminalgerichtsbarkeit notwendig die Grundlagen jeder Kunstmethode sind. Mit einem Wort: die Furcht vor dem Gendarmen „Verallgemeinerung" ist durchaus nicht der Beginn künstlerischer Weisheit.

Dies ist einer der Punkte, wo der Widerstand Picassos einsetzte. Scheint nicht das beharrliche Durcheinanderbringen von Kunst und Leben an dieser Dienstbarkeit der Kunst schuld? „Kunst und Leben", das war eine der den Impressionisten und ihren Nachfolgern teueren Formeln; noch heute sucht sich das stürzende System daran anzuklammern. Welche Notwendigkeit besteht, die Kunst dem Leben anzuähnlen? Warum soll man ihr nicht besondere „curricula" geben, wie sie die Wissenschaften besitzen? Und warum folgte man nicht der großartigen florentinischen Tendenz, Künste und Wissenschaften als nahe Verwandte anzusehen?

Jede Wendung des Lebens belehrt uns grausam darüber, daß wir, wie ein altes Sprichwort sagt,

Spielzeuge des Schicksals sind. Wir glauben, daß die wahrhaft schöpferischen Künstler – und wir werden Gelegenheit haben, darauf zurückzukommen – die Menschen mit ungewöhnlichem Empfindungsvermögen dadurch bis zum Wahnsinn begeistern, daß sie uns dauernd neue Eröffnungen über unsere Freiheitsillusion zu machen scheinen. Warum sollten wir freiwillig eine so wertvolle Quelle opfern, indem wir uns dazu verstehen, die Kunst zwischen ebenso strenge Regeln einzupferchen, wie es die der Moral sind?

Man muß natürlich unterscheiden: Wenn wir von Gesetzen sprechen, so verstehen wir darunter nicht die schlechthin menschlichen Notwendigkeiten, die kein Künstler überschreiten kann, ohne in das Gebiet der Phantastik, oder schlimmer, in das des Wahnsinns zu geraten. Ich spreche hier von den sogenannten künstlerischen Gesetzen, welche in ihrem Aufbau den Moralgesetzen der Gesellschaft nachgeahmt sind, und die wie jene nur Mittel sind, um ein Individuum dem andern für das Zusammenleben anzugleichen, um das Empfindungsvermögen dem allgemeinen Geschmack anzupassen. Der ganze erfahrungsmäßige Apparat der Gerechtigkeit ist sicherlich unentbehrlich, damit die guten menschlichen Gefühle geachtet und geschützt werden. Aber wenn auch zum Beispiel die Gesellschaft bei dem Gefühl für Recht und Billigkeit scharfe Wache hält, so haben es doch der Sinn für den Raum oder der Sinn für die geometrischen Figuren, die in gleicher Weise am Ursprung des menschlichen Empfindungsvermögens stehen, nicht nötig, daß man sie für die Ewigkeit festlegt, noch auch, daß Zensoren sie mit Hilfe einer Art Pandekten schützen. Man suche bei diesem Gegenstand nicht nach einem eitlen Vorwand, der sich aus den Zwecken des Unterrichts ableitet. Die Kenntnis dieser Grundsätze kann man nicht lehren. Sie sind wie die Tugend, die man seit Erschaffung der Welt lehrt: man muß gestehen, daß man nichts davon bemerkt. Sie ist in die Herzen bestimmter Menschen eingemeißelt, wie die Kenntnis von den Raumerscheinungen in die der großen Künstler, welche also mit den Kanons des Polyklet und des Lysipp ebensowenig zu rechnen haben wie mit den Nichtigkeiten Winkelmanns. Das sind so Früchte von „Verfahren", d. h. eine Art Kunst „verständnis". Die Kunst versteht man aber nicht, man empfindet sie. Nur die Freiheit des schöpferischen Aktes, nicht die rechnende Überlegung, die wir Kunst nennen, ist mit folgenden beiden Tatsachen in Übereinstimmung: daß das zeichnende Kind Apoll näher ist als der „Künstler", und der Köhler, der betet, Gott näher als der Theologe.

Schriftsteller, welche sich auf Schriften des heiligen Thomas über die Kunst berufen, haben uns flehentlich gebeten, nicht zu glauben, daß die „via disciplinae" und der Drang der Erfindung miteinander unvereinbar seien. Nach ihnen schließen sich diese Begriffe keineswegs aus, sondern sie erfordern und ergänzen einander. Ach! was nennen sie Erfindung? Hierin werden wir uns wahrscheinlich niemals verstehen. Diese Schriftsteller begreifen unter Erfindung die kleinen Verbesserungen, welche die Professoren den großen Erfindungen der Unwissenden hinzufügen. Die großen Erfinder sind für uns diejenigen, welche durch ihre intuitive Einbildungskraft allein und in vollkommener Unkenntnis der „via disciplinae" die kühnsten Hypothesen über bisher unbekannte Gebiete aufgestellt haben. Für uns sind die Heroen jener Saurias von Samos, von dem Athenagoras spricht, der die Silhouette auf schwarzem Grund entdeckte, Kraton, der die Schatten durch Schraffierung fand, Dibutades, der das Basrelief entdeckte, Kleophant, welcher als erster den Gedanken hatte, die Farbe auf die Zeichnung anzuwenden, und nicht diejenigen, welche es verstanden, diese Erfindungen zu vervollkommnen. Ich führe diese Beispiele absichtlich an und ich bestehe auf ihrer Bedeutung, um darzutun, daß jene Entdeckungen zur Zeit, da sie aufkamen, Kraftäußerungen des Empfindungsvermögens und nicht einfach ein Suchen nach Mitteln darstellten.

Es scheint also, als ob diejenigen, welche nur das Werk anderer vervollkommnen wollen, nichts anderes können, und auch dies nur vermittels der Regel, welche der wirkliche Erfinder geschaffen hat und die er sie zu achten zwingt. Man muß immer an das Wort von Degas über M. Besnard denken: „Der Spritzenmann, der Feuer gefangen hat." Es gibt Laboratoriumsentdeckungen in unserem Empfindungsvermögen zu machen, aber nicht für jedermann. Wer könnte sonst den Weg zeigen, auf dem die alten Alchimisten, während sie den Stein der Weisen suchten, dazu gelangten, Quecksilber, Antimon und ich weiß nicht was noch alles zu finden. Endlich haben die geregelten Beobachtungen der Tycho Brahe und Keppler ihnen deshalb nicht erlaubt, das Gesetz der allgemeinen

Anziehungskraft zu finden, weil die „via disciplinae" nur eine Summe von Regeln ist, einzig und allein zur Anwendung der genialen Hypothesen bestimmt.

Wir dürfen daraus nicht schließen, daß Picasso den Wunsch hatte, die Disziplin und die Regel nicht zu kennen. Er erkannte vielmehr ihre unbedingte Notwendigkeit an, und zwar mehr als jeder andere, weil er im Laufe seiner Erziehung Geschmack an ihnen gefunden hatte. Nur gibt es Menschen, die ihr Schicksal schmieden, wie Shakespeare sagt, und die Kraft seiner Persönlichkeit ließ Picasso erkennen, daß er nicht einer von denen sei, die sich damit begnügen können, Untergebene zu bleiben, wie die Getreuen der akademischen Kunst, noch auch Verwalter, wie die Nachfolger der Impressionisten, sondern daß er es sich selbst schulde, seinerseits Gesetzgeber zu sein.

Das Werk der größten Künstler ist unvergleichbar und nicht zu beurteilen. Denn es kann sich nur den Gesetzen fügen, die es selbst entdeckt und unmittelbar gibt. Wenn die Kunstkritik nur Urteile im Namen ihrer Grundsätze und ihres Geschmackes bilden kann, so ist sie unrettbar verdammt, die wahrhaft originalen Werke nicht zu verstehen. Wir werden nicht mehr über den Ostrazismus erstaunen, mit dem sie Picasso stets getroffen hat.

Wir wollen hier den Ausdruck „Urteil" nicht diskutieren. In der Kunst muß man ihn in folgendem Sinne nehmen: Schätzung des Wertes eines Werkes. Die Gerechtigkeit ist eine Zahl, sagte Pythagoras. Aber die Zahlen sind nur eine Sprache. Mit ihr hat die Kunst, welche auch eine Sprache ist, nichts zu tun. Obendrein setzt jedes Urteil einen Vergleich und jeder gültige Vergleich ein Normalmaß voraus. Mit welchem Maße könnte man ein Werk der Gegenwart messen, das dem Vermögen zu wahrhaft neuer Gestaltung entsprungen ist? Wie könnte man es rechtfertigen, ein platonisches Ideal anzurufen, das doch stets allzusehr verallgemeinert? Ebensowenig könnte die sklavische Nachahmung des Naturalismus Maß geben.

Um das Werk eines Künstlers ganz und natürlich zu lieben, muß man zu seiner Zeit leben. Viele geben vor, die Werke der Vergangenheit zu lieben, sie können es aber nicht ganz, weil sie genötigt sind, zu abstrahieren, sich zurückzuwenden, zu deuten, eine Aufgabe, die mit der Kenntnis der eigenen Zeit unverträglich ist. Es liegt darin etwas Menschenunmögliches, wenn ich so sagen kann, einfach: sie haben Verspätung. Der Vergleich bewirkt, daß die Kunst auf den Zustand einer kleinen nützlichen Wissenschaft gebracht wird, wie z. B. der angewandten Mathematik; der Vergleich bewirkt, daß die Kunst einzig durch die Werke zweiten Ranges repräsentiert wird, eben diejenigen, welche immer wieder der Kritik als Material dienen.

Bekanntlich wurde auch der „Geschmack" als „Maßstab" angepriesen. Welche Verirrung! Dieser unklare, abstrakte Begriff, den eine Gesellschaft durchgesetzt hat, die an Verallgemeinerungssucht und falsch verstandener Ordnungsliebe krankt! Ist der Geschmack nicht eines von den Gesetzen, welche man, wie das Bürgerliche Gesetzbuch, paragraphieren sollte? Warum haben wir uns nicht jenes alte Sprichwort für immer ins Herz eingegraben: „Über den Geschmack und die Farben läßt sich nicht streiten"? Ach! man ist versucht zu sagen, daß die Menschheit immer nur von denaturierten genialen Ideen geleitet wurde.

Zum Überfluß hat man noch die steifleinene Gottheit Induktion angerufen. Kunstschriftsteller haben sich nicht gescheut zu behaupten, daß die Kunst wie die Wissenschaft vom Einzelnen zum Allgemeinen aufsteigt. Welche Ketzerei! Ist das nicht die „via disciplinae" in ihrer Mittelmäßigkeit zum Kriterium der Durchschnittsleistungen erhoben? Wenn man den Ausdruck Induktion in der Kunst verwendet, so bedeutet das einfach die vollständige Verneinung aller Bestrebungen des schöpferischen Künstlers. Die Induktion ist die Methode des Gemeinverständlichmachens, der Einreihung und der Vervollkommnung für praktische Zwecke. Sie beherrscht zwar die Arbeit des Handwerkers, aber der Künstler kennt sie nicht. Ebensowenig wie der Erfinder etwas von Induktion weiß. Es gibt keinen Schluß vom Besonderen aufs Allgemeine, außer wenn die Verallgemeinerung den Zweck hat, das Besondere des Schöpfers zu „verwirklichen", wie die Künstler zweiten Ranges sagen. Deshalb wendet sich unsere Liebe nicht den Ingenieuren zu, welche die Dreadnoughts bauen, sondern dem genialen Fulton; nicht den Fabrikanten der herrlichen Automobile, Modell 1922, sondern dem bescheidenen Forest, der ohne Mathematik zu können, den vierzeitigen Motor schuf.

Wenn man unbedingt ein Kriterium will – was man die „cote d'amour" genannt hat, würde vielleicht entsprechen –, so müßte man es einzig in dem Empfindungsvermögen suchen. Der Wert eines Künstlers könnte der Besonderheit seines Empfindungsvermögens gleichgesetzt werden. Empfindungsvermögen in seiner Seltenheit genommen, bevor es Scheidemünze wurde, wohlverstanden. Dennoch würde das ein sehr schwieriges Unternehmen sein. Deshalb muß man sich mehr als je an das alte Sprichwort halten, das ich oben anführte.

So ist die Kunst, in ihren höchsten Schöpfungen betrachtet, nur Intuition und Deduktion. Max Jacob schrieb mir einmal: „Spinoza... der reinste Spiegel menschlicher Schwäche." Sei's drum, aber ist nicht andererseits ein induktiver Schriftsteller seinerseits der Spiegel seiner lahmen Furcht? Der schaffende Künstler stellt die Welt, die in ihm geboren ist, aus sich heraus. Die Menschen machen damit, was sie wollen; die einen empfinden sie, die andern suchen sie zu verstehen. Die ersteren allein mit ihrem Herzen, das nur eine Dimension hat, die letzteren mit ihrem Geiste, der alle Dimensionen hat. Eines Tages bemerkt der schöpferische Mensch, daß er, der nur aus seinem Empfindungsvermögen heraus gestaltet, nackt inmitten der Menge spazierengeht. Zunächst blendet der neue Reiz die Menschen, und einige ergeben sich ihm willig. Andere dagegen bemühen sich, die Augen abzuwenden, und schreien alsbald über Indezenz. Gezwungen, den letzteren zu weichen, muß er sich, wenn er nicht die Möglichkeit hat, allein in göttlicher Zurückgezogenheit zu leben, bald bekleiden und sich den Forderungen der Gemeinschaft opfern. Die leuchtenden Offenbarungen, die er der selbstgefälligen Masse darbietet, werden neugierig in Augenschein genommen, aber mit schwarzen Brillengläsern, die sie ihr Licht ertragen lassen. So belauert die Zeit, gefolgt von Ihrer „grauen

Eminenz" der Zahl, erbarmungslos den Schöpfer. Da stellt sich wie ein Kostüm, das für die Schaufenster eines glänzenden Ladens gemacht ist, der Klassizismus ein. Der Künstler, der nicht in der Einsamkeit seines Empfindungsvermögens geblieben ist, wird sofort dem künstlichen Bedürfnis zur Beute, sich dem Joche der Kunstgesetzbücher zu fügen. Dann wird es ihm geschehen, daß er sagt: „Und warum sollte nicht auch ich wie Raphael malen?", ebenso wie er sagen könnte: „Warum sollte nicht auch ich ins Kaffeehaus gehen?"

Glücklicherweise gibt sich der wahrhaft schöpferische Künstler nicht damit ab, ein klassisches Kostüm beim Konfektionär oder im Trödlerladen zu kaufen. Kein Schneider ist imstande, ihm Maß zu nehmen. Damit das Kostüm nach dem Maß seines Empfindungsvermögens gemacht sei, faßt er den heroischen Entschluß, es selbst anzufertigen auf die Gefahr hin, es schlecht im Schnitt und schlecht genäht zu sehen.

Trotzdem wird er sich ständig geniert fühlen, und jeder Spiegel wird ihm zeigen, daß er sein eigenes Maß nicht kannte. Daraus entspringen die zwei stets miteinander abwechselnden Bedürfnisse: sich zu entkleiden und sich wieder zu bekleiden: die Gewohnheit und die Besonderheit werden sich jene Gefechte liefern, welche für das Wesen unserer Generation so bezeichnend sind. Da trotz Sankt Thomas die großen Künstler nicht notwendig Heilige sind, so ist die Herkunft dieses Kampfes ohne Zweifel nur zu leicht einzusehen. Und die hellsten Funken werden wir im Werke Picassos dort aufspringen sehen, wo in begründetstem Schwanken Zweifel und Gewißheit aufeinander stoßen. Doch erforschen wir, wie Picasso versucht hat, diese beiden Forderungen zu versöhnen, damit es uns gelingt, die bedeutende Gegenwirkung in der Malerei festzulegen, von der wir gesprochen haben.

Pablo Ruiz wurde in Malaga im Jahre 1881 geboren. Er nahm den Namen seiner Mutter Picasso an. Seine Kindheit verlief in der Stadt der brennenden Sonne und des eisigen Schattens; ein Abbild seines künftigen Wesens wechselnder Möglichkeiten. Es war noch die Stadt der berühmten Sagen, die wir zwar kaum kennen, deren Sinn wir uns aber gerne vorstellen, wenn wir von ihrer gefeierten Lage am Ufer des Mittelmeeres, Afrika gegenüber, träumen.

Noch sind wir fern von der Galerie der Rue La Boëtie, aber man denkt schon an das wunderbare Schicksal, das Picasso von der äußersten Grenze Europas berief und ihn nach Paris führte, damit er von da aus mit Hilfe von fünf oder sechs Freunden der gesamten Kunstwelt das Zeichen zum Beginn einer malerischen Bewegung gebe, die mit den Bestrebungen einer neuen Epoche im Einklang stehen und die Welt beunruhigen sollte.

Man könnte an irgendeinen seltsamen Bilderbogen aus Epinal denken oder auch an das, was Chateaubriand über Pascal schrieb: „Es war einmal ein Biedermann, der mit Hilfe von Stäben und Kreisen erfand..." oder wiedererfand... die Malerei. Man denkt vor allem an die Konquistadoren, welche die Kräfte, von denen ihre Heimat nichts wußte, in unbekannte Gebiete trugen und hier jene Landstriche entdeckten, welche andere dann später einzurichten übernahmen. Vielleicht wird eines Tages mit Picassos Werk dasselbe der Fall sein. Ich möchte jedenfalls zum Kapitel Picasso anführen, daß die größten unter ihnen „Parvenüs" gewesen sind.

Man hat sich die Frage vorgelegt, was mit Picasso geschehen wäre, wenn er Spanien niemals verlassen hätte. Eine müßige Frage, die eher die historische Kritik als die Ästhetik angeht. Zu beachten ist vor allem, daß Picasso sich dank seiner ungewöhnlichen Intelligenz das rasch aneignete, was ihn die traditionelle Kunst Nützliches lehren konnte. Alles, was zu den verschiedenen Künsten gehörte, wurde ihm sehr schnell vertraut. Wir wissen auch, ohne der Tatsache mehr Bedeutung beizumessen, als ihr zukommt, daß sein Vater Zeichenlehrer war. Darauf muß jedoch sofort hingewiesen werden, daß eine erstaunliche intuitive Fähigkeit ihm mächtig half, das zu empfinden, was er nicht Muße, Gelegenheit oder Zeit hatte, gründlich zu studieren. Sie befähigte ihn außerdem, das zu entdecken, was die andern nicht sahen. Mit einem Wort Molières, in dem man vielleicht mit Unrecht bloß eine Laune sieht, dachte ich oft, daß „alles wissen, ohne gelernt zu haben" eines der Charakteristika der großen Künstler sei. Über der Erkenntnis des Geistes steht die Erkenntnis des Herzens, und Picassos Natur entsprach es von Jugend an, die Wahrheit, oder wenigstens das, was er dafür hielt, mehr zu ahnen, als sie auf diskursivem Wege allzu absolut zu fassen. Die wahren Künstler verstehen nichts, aber sie empfinden alles. Man wollte Picasso häufig über die leitenden Ideen seiner künstlerischen Konzeptionen befragen. Selbst seine Feinde glaubten ihn auf diese Weise dazu zu bringen, daß er einige verwundbare Punkte seiner Persönlichkeit preisgebe. Man zeigte ihn, wie er den Kaffeehausgesprächen präsidierte oder auch, wie er in seinem Atelier inmitten eifriger Jünger und aufmerksamer Schüler oder enthusiastischer Bewunderer, die seine Ratschläge voller Hochachtung anhörten, diskutierte. Picasso hat jedoch niemals Theorien entwickelt. Diejenigen, welche viel mit ihm verkehrten wie ich, erinnern sich vielleicht einiger schlagender Bemerkungen, welche sein augenblickliches Schaffen beleuchteten. Wenn er von Meistern sprach, die er liebte, oder wenn er die Schönheit einer Negerarbeit auseinandersetzte, so tat er das stets durch einen

Laut des Herzens und ohne eine „Idee" über die Kunst im allgemeinen oder über seine Malerei im besonderen einfließen zu lassen. Ich erinnere mich an einige Tage, die ich in Gesellschaft von Georges Braque vor zehn Jahren bei ihm verbrachte, damals, als sich langsam das herausarbeitete, was später der Kubismus werden sollte. Man sprach über alles und über nichts, und nur zuweilen warf Picasso abgerissen ein paar Worte hin, deren Kritik er immer auf den Gesichtern der Zuhörer suchte. So rief er einmal aus, indem er auf die Nase einer seiner Gestalten hinwies: eine Nase sei stets „gemacht wie die da"; das war alles. Diese einfachen Worte erklärten uns in der Tat viel. Sie bedeuteten, daß die Erregung, die Picasso vor einer Sache, die er zu malen beabsichtigte, empfand, ihm die Erfindung ihrer Ursache eingab; daß diese Erfindung sich umsetzen mußte in die Vorstellung der Elemente, die sie erzeugt hatten, und daß die plastischen Eigentümlichkeiten, die er uns zeigte, aus diesen Elementen herausgeholt waren.

So gestalteten sich seine Konzeptionen in der einfachsten Weise, und zwar nur durch die Eingebung jener göttlichen Herzenseinfalt, die er hoffentlich der Zeit zum Trotz niemals verlieren wird. Das war übrigens durchaus nicht ungewöhnlich, und es ist gut, daß die großen Künstler nicht wissen, was sie tun. So gibt es für den Künstler, der ganz von den Inhalten seines Empfindungsvermögens und von der Wissenschaft seiner Kunst erfüllt ist, keine Möglichkeit, das, was er empfindet, in einer anderen Sprache auszudrücken als in der seinen: der Malerei. Für Picasso war die Welt sein Herz. Deshalb könnte man die impressionistische Formel umkehren und seine Kunst definieren als „eine Art Temperament, gesehen durch eine Welt". Es scheint demnach ganz natürlich, daß Picasso im Gegensatz zu Puvis de Chavanne, der erst mit fünfundzwanzig Jahren einen Bleistift anrührte, seit seinem Knabenalter durch seine ungewöhnlichen Anlagen seine Umgebung in Erstaunen versetzte. (Picasso hat es übrigens nicht gern, wenn man Puvis de Chavanne, den er liebt, daraus einen Vorwurf macht.) Man spricht in Barcelona heute noch von einem Werke, das er mit vierzehn Jahren malte, und das einen Bajonettkampf darstellte. In jener Zeit etwa erhielt er sogar schon einen dritten Preis auf der Kunstausstellung, und ohne Zweifel war seine Jugend der einzige Grund, warum er nicht die höchste Auszeichnung bekam. Auch bewahren seine Familie und verschiedene Sammler Jugendwerke von ihm sorgfältig auf, die trotz ihrer Anlehnung an die alten Meister und besonders trotz des Einflusses von Greco schon eine erstaunliche Leichtigkeit zeigen.

Geboren in einem Lande, das mit den Sagen, die dort blühten, ganz übereinstimmte, hatte Picasso schon durch seine Rasse Neigung, seine Einbildungskraft nach jeder Seite sich beleben zu lassen, nach der sein Empfindungsvermögen sie führte. Wir können aus dieser Tatsache nicht viel machen, denn es würde sehr schwer sein, hier eine exakte Beziehung zwischen Ursache und Wirkung herzustellen. Die Auserwählten, welche notwendigerweise nach Befreiung von der Herrschaft der allgemeinen Gesetze streben, reisen allein und verweilen nicht lange in Gemeinschaft. Nun stellt man in den Ländern der Sage wie in den anderen fest, daß die Menschen in dem gleichen Maße, in dem sie sich an die Photographie gewöhnen, mehr und mehr ihre Phantasiebilder einbüßen. So erfuhr auch Picasso auf Kosten seines Empfindungsvermögens, daß die unwandelbaren Sagen wie die sagenhafte Unwandelbarkeit seiner Heimat der Entwicklung seiner Phantasie ihr gewaltiges Beharrungsvermögen entgegenstellen mußten. Niemals wurde ein großer Künstler in einem Milieu geboren, das der freien Entwicklung seiner Fähigkeiten angemessen war. Die Zucht, die

Picasso durch seine streng lateinische Erziehung empfing, und seine Künstlerbekanntschaften gaben eine sichere Kontrolle für die Rechtmäßigkeit der Überzeugungen, die nach und nach in seiner Brust entstanden. Und so schenkte Picasso der Stimme Gehör, welche ihm zuflüsterte, daß, beengt in der Atmosphäre seiner Heimat, sein Empfindungsvermögen nicht frei und voll atmen könne. Er erkannte mehr und mehr, daß es seinem Bedürfnis nach freier Auswirkung nicht angemessen sei, sich endlos im Kreise der allzubald befriedigten, allzu beschränkten Bestrebungen seiner Landsleute herumzudrehen. So träumte er, wie man vom Paradies träumt, von einem weiten Land, das sich irgendwo finden müßte, wo er seiner Natur volle Freiheit geben könnte, ohne den ständigen Kampf mit den Forderungen der Vernunft, die man ihm aufgezwungen hatte.

In Malaga, wo er geboren wurde, verweilte er nur, bis er seine braune Hautfarbe und seine schwarzen Rosinenaugen hatte. Im Alter von sechs Jahren war er in Barcelona, wo er unter den Augen seiner Eltern, deren Abgott er war, seine richtige Erziehung erhielt.

Ein Moralist hat gesagt: „Der Mensch verbringt das erste Drittel seines Lebens mit den Toten, das zweite mit den Lebenden, das dritte mit sich selbst." Das ist: erst lernen, dann leben, endlich erkennen. Ideal. Wirklichkeit. Wahrheit.

In einer bestimmten Lebensepoche ist man berechtigt, das Ideal als Ziel der Kunst aufzustellen. Es handelt sich um die Jahre, welche den Zwanzigern unmittelbar vorausgehen. Ja man könnte jeden jungen Künstler, der in diesem Alter nicht jenem Ziel zustrebte, eine kleine Abnormität nennen, wenn das Wort nicht zu stark ist. Dieses Streben, das mehr dem Gehirne als den Sinnen angehört, ist vor allem die Frucht der Erziehung. Picasso lebte also die erste Zeit seines Lebens mit den großen Vorbildern, welche ihm, stets idealisiert, Religion, Geschichte, Literatur und Kunst darboten. Seitdem trachtete er mit der übertriebenen

Vorliebe, mit der Begeisterung dieses Alters nach einer idealen und ganz konventionellen Vollendung. Aber man konnte bald voraussehen, daß dieser akademische Unterricht für ihn nur das bleiben würde, was er für alle sein sollte, nämlich eine Kinderlehre. Seit seinem fünfzehnten Jahre studiert er die spanischen, italienischen, französischen und flämischen Meister, um unter ihrem heilsamen Einfluß zu arbeiten. Schon träumt er von einer schmerzhaften und resignierten Menschheit und seine christliche und historisch gerichtete Erziehung tragen nicht wenig dazu bei, daß er sie unter verschiedenen idealisierenden Gesichtspunkten des Schmerzes, der Armut und der Einfachheit darstellt. Und die Liebe, deren sein Herz voll ist, ergießt sich selbst über die Tiere und über jene Gegenstände der nächsten Umgebung, deren wahrnehmbare Geschichte er später aufzeichnen sollte. Trotz des Einflusses der pikaresken Romane ruft die Gewalt des Mystizismus in Spanien beständig jedem Künstler die furchtbaren Kämpfe in Erinnerung, die unter dem Zeichen des Kreuzes gegen die arabischen Eroberer ausgetragen wurden. Zudem ist Picasso physiologisch genommen ein Choleriker. So muß man festhalten, daß – im Gegensatz zu der „Lebensfreude", die schon in den Werken zum Durchbruch kam, zu denen seine Persönlichkeit sich nachher in Gegensatz stellte – er später eine natürliche Neigung zeigt, das Leben eher als Tragödie, denn als Komödie aufzufassen. Wer weiß, ob nicht sogar der Expressionismus in Deutschland in dem Picasso dieser Epoche wie in Dostojewski einen seiner Vorläufer sehen wird?

Sicherlich lag in den Bildern seiner Jünglingszeit, ja selbst noch in den späteren, bis zu denen von 1907 und 1908, die kultische Leidenschaft für die Zeichnung im Streite mit dem scholastischen Geist, der ihn antrieb, sein sich entwickelndes Empfindungsvermögen unter der Leitung der Vernunft zu halten. Dennoch vermied er, dank einer wunderbaren Geschmeidigkeit seines Temperaments, die natürliche Trockenheit, welche gewöhnlich die künstlerische Produktion dieses vernünftelnden und undankbaren Alters begleitet.

Seit dieser Zeit war seine künstlerische Tätigkeit höchst lebendig. Die Künstler von Barcelona verkehrten in einer damals berühmten Taverne: „los quatre Gats". Unter ihnen befanden sich mehrere, die später zu den besten in Katalonien zählen sollten. Alle Abende traf man in den „Vier Katzen" abwechselnd Santiago Rusinol, Canals, Nonell, die Bildhauer Pablo Gargallo und Manolo, ferner Mir, Ramon Pichot, Casas, der ein ausgezeichnetes Porträt von Picasso gemacht hat, und den talentvollen Casagemas, der sich aus Liebe zu einer schönen Französin umbrachte. Wie überall war das Leben auch hier für die jungen Künstler hart, und eine gewisse offizielle Fürsorge änderte nichts an der fast unbedingten Unverkäuflichkeit ihrer Werke. Die Mehrzahl richtete ihre Blicke nach Paris. Einige entschlossen sich dazu, die Pyrenäen zu überschreiten, aber Paris war ihnen — es muß gesagt sein — nicht gnädiger als Barcelona. Picasso war einer von ihnen. Er besuchte Paris wiederholt, bevor er sich für immer dort niederließ.

Unter den verschiedenen Reisen, die er sonst noch machte, ist die nach Madrid erwähnenswert. Er verweilte dort nur sieben oder acht Monate, aber er verstand es, die Madrider Künstlerschaft sofort in Erstaunen zu versetzen. Eine Zeitschrift „Renacimiento" wurde gegründet und Picasso wurde ihr künstlerischer Leiter. Darin erschien eine große Anzahl seiner Zeichnungen. Damals arbeitete er schon unter dem Einflusse der schneidenden und schmerzlichen Art Toulouse-Lautrecs. Schon mischte sich Sinnlichkeit in das angeborene Mitleid, das die Erziehung in seinem Herzen noch verstärkt hatte. Picasso näherte sich allmählich dem Alter, wo er, nach dem Moralisten, mit den Lebenden leben sollte.

In Barcelona entwickelte sich die Vorliebe für Frankreich, die er hatte, vollkommen, und zwar durch die Lektüre unserer damaligen Dichter. Obwohl die Überlegenheit Verlaines und Mallarmés noch in einer wirren Art sich darstellte, öffnete sie doch Tore zu seinem Empfindungsvermögen. Zur selben Zeit, da er Cézanne, Renoir, Pissaro und Toulouse-Lautrec bewunderte, lernte er Rimbaud kennen. Infolge seiner Jugend unterlag er nach und nach den verschiedensten Einflüssen. Oder es flossen wenigstens abwechselnd die verschiedenen Erscheinungen des französischen Genius in den Schmelztiegel, in dem sich sein eigener Genius ausarbeitete. Daraus folgte eine unvermeidliche Verwirrung in seinen Bestrebungen. Es traten Schwankungen und Wiederholungen auf, die sich teils in rein klassischen Versuchen, teils in Nachahmungen der Meister, teils in Übersetzungen unserer modernen Maler ausdrückten. Er fühlte jedoch bald, indem er allen diesen Einflüssen unterlag, daß er auf diese Weise nicht leicht dazu gelangen werde, seine Persönlichkeit zu befreien, ja, daß es ihm nicht einmal gelingen werde, in seinem eigenen Bereiche klarer zu sehen. Er begriff vor allem, daß ihm die französischen Meister, die ihn besonders anzogen, gleichzeitig zu nahe und zu ferne stünden; in diesem Augenblick entschied er sich, seinen Aufenthalt in Paris zu nehmen, um diejenigen Künstler in der Nähe zu betrachten, welche die Entfernung ohne Zweifel sagenhafter, anziehender und niederdrückender machte.

Von seiner Ankunft in Paris an verschafften ihm die Freunde, mit denen er sich umgab, die Überzeugung, daß der mangelnde Glaube an die Vorurteile bei den Franzosen mehr als anderswo alle Persönlichkeiten zur Reife förderte. Deshalb machte Picasso, der sich zu jener Zeit noch nicht von seinem jungen Ruf manövrieren lassen konnte, wie man heute sagt, bereits mit seinem gelehrigen Empfindungsvermögen was er wollte. Die jugendliche Überfülle, die er mitbrachte, rundete zwar nach und nach ihre Ecken ab, aber die Frische, die seine Einbildungskraft beseelte, half ihm erobern. Der Dichter Jean Moréas, dessen Begabung wir so lange vergeblich gesucht haben, rief aus: „Herr Picasso ist ein Kerl." Diejenige Eigenschaft, welche Picasso vor allem die allgemeinen Sympathien sicherte, war sein ätzender Geist, den jedoch die reinste Uneigennützigkeit einhüllte. Picasso kam nicht nach Paris, um es zu erobern, nicht einmal, um es zu verführen. Er kam, um sich hier für das Leben herzustellen. Die Uneigennützigkeit erwies sich bei ihm als das bewegende Prinzip seines künstlerischen Empfindungsvermögens. (Es wäre übrigens interessant, bei jedem Künstler den Anteil festzustellen, welchen die Uneigennützigkeit an seinem Werke hat. Auf diese Weise könnte man sehr wohl den Wert seiner Schöpfergabe bestimmen.) Wir werden später sehen, daß diese Uneigennützigkeit das unterscheidende Merkmal der künstlerischen Bewegung war, die um 1904 und 1905 einsetzte.

Den ersten Artikel über Picasso schrieb unser armer Freund Guillaume Apollinaire. Apollinaire sagte von Picasso: „Geistig mehr Lateiner, rhythmisch mehr Araber." Gewiß waren dies die beiden völkischen Dispositionen, die Picasso mitbrachte. Es waren Empfehlungen, welche Apollinaire verlocken mußten. Die verwandten Naturen finden sich hier so logisch zusammen, daß es sehr oberflächlich scheint, den Zufall zu Hilfe zu rufen. Jedenfalls sah sich Picasso seit seiner endgültigen Einrichtung in Paris in die kleine Gruppe von Freunden versetzt, die wir damals bildeten, und zu der außer Apollinaire noch der Bildhauer Manolo, Max Jacob, Jean Mollet, Maurice Cremnitz, André Salmon,

Adolphe Basler, Galanis, Haviland und ich selbst gehörten. Zu jener Zeit gab es den Montmartre des Ravignanplatzes noch nicht, und der Boulevard de Clichy wurde nur bei den Besuchen des malerischen „Cabaret du Lapin Agile" überschritten, dessen Besitzer Frédéric uns stets sehr geistreich empfing. Schon damals schmückten Kunstwerke die Wände. Eine Leinwand Picassos hing dort sehr lange neben einem Christus, der dem Bildhauer Wasley zugeschrieben wurde. Die „Closerie des Lilas", die damals in Mode war, besaß unsere besondere Vorliebe, obwohl sich einige Meinungsverschiedenheiten zeigten. Apollinaire ließ gerade seine erste Zeitschrift: „Le Festin d'Esope" erscheinen. Zwischen Picasso und Apollinaire herrschte alsbald die innigste Freundschaft. Sie fanden sich sofort brüderlich in jener Freiheitsliebe, die sie beide beseelte. Apollinaire, der viel gereist war, zeigte einen ausgesprochenen Geschmack für das Malerische. Er empfand, wie

Dichter empfinden, den mit Bändern geschmückten Halseisen der Regeln zum Trotz die Schönheiten, welche die Natur und die Arbeit des Menschen enthalten. Neben ihm fand es Picasso immer berechtigter, seine Einbildungskraft frei hinströmen zu lassen. In Apollinaires Schule, welcher alles mit dem Herzen gelernt hatte, begriff Picasso, daß dies die einzig richtige Methode sei, um sich, wenn man so sagen kann, nicht unfruchtbar an den verschnörkelten Buchstaben der Dinge zu binden. Picasso besaß zweifellos dieselbe Disposition des Empfindungsvermögens, aber Apollinaire half ihm, sich davon zu überzeugen. So erkannte Picasso kraft der Lehren seines Herzens, auf die er hörte, die Hohlheit der absoluten Kunstregeln. Die Regel erschien ihm seitdem wie ein stolzes Gebäude, dessen Mauern nicht sehr fest sind und in das der Wind von allen Seiten hineinbläst. Sein Glaube an die Kunst, mit großen Buchstaben geschrieben, wurde bald stark erschüttert. Infolge seiner lebendigen Intelligenz konnte er sich nicht damit begnügen, das prächtige Gebäude zu betrachten. Er wollte wissen, wie es konstruiert sei. Da nun trat das ganze Elend seiner Konstruktion hell zutage. Die Kunstdogmen, voll von Widersprüchen und von Unrechtmäßigkeiten, schienen ihm keine blinde Unterwerfung mehr zu verdienen. Die betrüglichen Grundgedanken vieler Werke der Vergangenheit wurden ihm, trotz der Verdienste, mit denen sich ihre Ausführung schmückte, klar, und wiederum stiegen andere, die bisher ganz oder beinahe unbekannt waren, vor seinen Augen leuchtend empor. Wie Renan hätte er sagen können: „Man sieht ein Zeitalter anbrechen, da der Mensch seiner Vergangenheit nicht mehr viel Interesse entgegenbringen wird." Seitdem ließ er der Stimme freien Lauf, die ihm sagte: „Betrachte die Welt nicht in der Vergangenheit, wie die einen, noch durch dein Fenster, wie die anderen, sondern einzig und allein in deinem eigenen Spiegel."

Diese gebieterische Mahnung kam in einem Augenblick über ihn, da das Leben für ihn, wie übrigens für alle, sehr schwer zu leben war. Bei seinen Gaben hätte Picasso wie so viele andere, dem allgemeinen Geschmack huldigen und mit seiner Begabung Handel treiben können. Aber die Uneigennützigkeit, von der ich gesprochen habe, wachte darüber, daß seine Kunst rein blieb. Könige, wie Kandaules, der nach Plinius' Erzählung ein Bild des Bularch mit Gold aufwog, sind nicht häufig. Die Kunsthändler zeigten sich selten. Ambroise Vollard hatte bereits einige Werke Picassos gekauft. Der gute Clovis Sagot stellte in seinem Laden in der Rue Laffitte die Werke aus, deren Verdienste sein Scharfblick erkannt hatte. Wir trafen uns manchmal bei ihm und es war nicht die geringste Annehmlichkeit dieser Zusammenkünfte, die sehr unerwarteten Bemerkungen dieses vorzüglichen Kaufmannes über die Kunstwerke zu hören, die er ausstellte. Auch Fräulein Weill zeigte in ihrem Laden in der Rue Victor Massé Werke Picassos, noch bevor derjenige Sagots in ihren Besitz übergegangen war. Damals hatte Henry Kahnweiler seinen Scharfsinn und seine Bildung noch nicht in den Dienst des Picassoschen Schaffens gestellt. Damit ist die Liste der Galerien zu schließen, in denen die Frühwerke ausgestellt wurden.

Man hat daran erinnert, daß Cézanne seine Bilder am Fuße der Bäume stehen ließ; Picasso verschenkte – und daran tat er besser – mehr Werke als er verkaufte. Doch begannen einige Sammler die besten Werke unseres Freundes zu kaufen. Ohne auf die Kritik zu warten, welche etwa zwanzig Jahre brauchte, um ihn zu entdecken, waren Fräulein Gertrud Steen, André Level, Haviland, G. Coquiot und noch andere bereits von inniger Liebe für das Werk Picassos ergriffen.

Die verschiedenen Ereignisse, welche diesen Lebensabschnitt Picassos bezeichnen und welche die Geburt der kubistischen Bewegung begleiteten, trugen sich auf dem Montmartre in den Ateliers jenes Ravignanplatzes zu, der hinfort berühmt werden sollte. Diese merkwürdigen Ateliers in Holzkonstruktion brachten die Besucher außer Fassung durch ihre zahlreichen Stiegen, ihre unerwarteten und unerforschten Winkel, ihre Keller, die zuweilen über fünf Stockwerke hingen, ihre fünften Stockwerke, die sich plötzlich ins Parterre öffneten, lauter Eigentümlichkeiten, welche das Pittoreske eines Gebäudes vermehrten, das man an den Winterabenden überall und unter allen Winden krachen hörte. Um die Wunderlichkeiten seiner Bauart zu erklären, muß man sagen, daß dieses Haus, auf dem Butte Montmartre gelegen, gezwungen war, sich seinen mehr oder weniger schroffen Hängen anzupassen. Es gab da so viele Ateliers, daß man über die Zahl der Künstler, die dort lebten, nicht erstaunt ist. Abwechselnd verweilten dort Pierre Mac-Orlan, Max Jacob, André Salmon, Pierre Reverdy, Modigliani, Gargallo und noch andere. Picasso besaß das Atelier, worin Maufra lange Zeit gelebt hatte, der hier, wie es scheint, Aristide Briand empfing. Man sieht, die Legende beginnt nach berühmten Beziehungen zu suchen. Nach Picasso hauste Van Dongen hier, dann Juan Gris, welcher der Vaugelas des Kubismus werden sollte. Hier malte Picasso mitten unter seinen unentbehrlichen und sehr viel Raum einnehmenden Werkzeugen, inmitten der vertrauten Versammlung der Negerstatuen, treulich bewacht von jener Hündin Frika, die ich ihm geschenkt hatte, in seinen blauen Unaussprechlichen, stets adrett, als käme er aus der Reinigungsanstalt, malte, die Pfeife zwischen den Zähnen, mit aufmerksamer Ängstlichkeit. Es kamen unerwartete Ereignisse, welche diesen Ort abwechselnd erhellten und verdüsterten, aber eines der anziehendsten und merkwürdigsten war sicherlich das Bankett für den Zolleinnehmer Rousseau, 1908, das für uns die Süße einer alten Erinnerung bekommen hat.

Ich halte es nicht für unnütz hier einige Stellen aus einem Berichte einzuschalten, den ich darüber in den „Soirées de Paris" im Dezember 1914 schrieb:

„Das was wir genötigt sind, das ‚Bankett Rousseau' zu nennen, zeigte, das muß man gestehen, keine Spur von Vorbedacht noch von lange vorbereiteter Organisation. Kein übertriebener Spektakel, keine Phantasie am unrechten Fleck, keine montmartrehaften Mummereien. Das Fest sollte nur dank der Qualität der Tischgenossen die Gestalt bekommen, die man kennenlernen wird.

Das Bankett fand bei Picasso statt, in einem Atelier jenes Hauses auf dem Ravignanplatz, das aus äußerst dünnen Brettern erbaut, abwechselnd mit einem Bauernhaus und mit einer kleinen Schüssel verglichen wurde, und das jedenfalls niemals eine Gesellschaft gegen Feuer versichern wollte.

Der Festsaal war Picassos Atelier. Es war eine richtige Scheune, durch gewaltige Balken aufrechterhalten, die zu ehrfurchtgebietend aussahen, als daß sie nicht innen hätten ausgehöhlt sein sollen. An den Mauern, die man von ihrem gewöhnlichen Schmuck befreit hatte, hingen nur einige schöne Negermasken, eine Münztabelle und an dem Ehrenplatz das große, von Rousseau gemalte Porträt Yadwrigha. Man hatte den Saal mit Lampiongirlanden geschmückt. Die Tafel war ein langes Brett, auf Böcke aufgelegt, das Service war ein buntes Allerlei aus Speisegeräten aller Stile und von verschiedenster Beschaffenheit.

Es waren sehr viele Leute eingeladen worden. Darunter befanden sich drei Liebhaber und Sammler, die beinahe eigens deswegen aus Newyork, Hamburg und San Franzisko gekommen waren, ferner Maler wie Marie Laurencin, Jaques Vaillant, Georges Braque, Agéro und so weiter, Schriftsteller wie Guillaume Apollinaire, Max Jacob, Maurice Cremnitz, André Salmon, René Dalize, und mehrere charmante Damen. Von sechs Uhr abends ab herrschte eine gewisse Erregtheit in der Gesellschaft, die sich, um einen vorläufigen Schnaps zu nehmen, in der Bar Fauvet versammelt hatte, deren Stammgäste wir waren. Alles deutete auf Fröhlichkeit hin. Eine elektrische Drehorgel, welche mit einer stolzen Salambo geschmückt war, die eine Schlange aus vergoldetem Kupfer bezauberte, ergoß die prächtigsten falschen Klänge, die man hören kann, über uns. Die Wettautomaten hatten einen lebhaften Erfolg, besonders bei einem fein gebildeten Herrn, der eine beträchtliche Summe dabei verausgabte, ohne irgend etwas zu gewinnen, versteht sich ... Doch da die Zeit verging, kam bald die Stunde, das Bankett zu beginnen. Die Lieder und der Lärm verstummten nach und nach und die Eingeladenen entschlossen sich, den Abhang der Rue Ravignan zu erklimmen. Man ließ in der Bar nur einen unserer Freunde zurück, einen Dänen, der einen angefangenen Diskurs durchaus nicht beenden konnte.

Mit großem Lärm zog man bei Picasso ein. Man requirierte zwei benachbarte Ateliers, das eine als Garderobe für die Damen, das andere ebenso für die Herren. Die Plätze wurden auf Grund eines Protokolls angewiesen, aber während Beschwerden den Saal durchfurchten, hörte man plötzlich an die Türe klopfen mit Schlägen, die, zunächst scheu, bald gewaltsam wurden und endlich jeden Lärm verstummen machten.

Man öffnete. Es war der Zolleinnehmer, den Kopf bedeckt mit einem weichen Filz, seinen Spazierstock in der Rechten, seine Geige in der Linken.

Die Erscheinung des Zolleinnehmers Rousseau, sozusagen nackt und nur mit seiner Geige bekleidet, ließ einen Schauer der Rührung über die Versammlung gleiten. Dies war sicherlich eines der ergreifendsten Bilder Rousseaus. Er schaute sich um. Die angezündeten Lampions schienen ihn zu verlocken, sein Gesicht heiterte sich auf.

Um neun Uhr abends war mit Ausnahme des Mahls alles bereit. Man kannte die Zusammenhänge noch nicht. Aber obgleich das Mahl von dem Gastgeber bei einem guten Speisewirt bestellt war, hatte es doch die Laune, überhaupt nicht zu kommen. Man wartete eine Stunde, zwei Stunden, vergeblich; nach drei Stunden schlug sich der Gastgeber plötzlich an die Stirn und erinnerte sich auf einmal, daß er sich bei Aufgabe der Bestellung im Datum geirrt hatte. Das Mahl sollte tatsächlich erst am übernächsten Tage kommen.

Als Rousseau sah, daß jeder nach Lebensmitteln davonlief, wurde er von ausgelassener Fröhlichkeit ergriffen, die ihn den ganzen Abend nicht verließ. Jeder kam alsbald bepackt zurück. Getränk war, wie man sich denken kann, nicht vergessen. Eine Zufallsmahlzeit wurde hergerichtet. Vom Öffnen der Sardinenbüchsen an herrschte die größte Lustigkeit. Die Unterhaltungen und die Lieder fingen an. Maurice Cremnitz erhob sich, bat um die Erlaubnis zu singen – die ihm übrigens verweigert wurde – und intonierte ein Lied zum Ruhme Rousseaus, dessen Refrain lautete:

's ist Malerei
Jenes Rousseau,
Der bändigt die Natur
Mit seinem Pinsel zauberfroh!

Rousseau selbst holte seine Geige hervor, eine Art Kindergeige, und spielte eines seiner Werke, betitelt: ‚Clochettes‘. Alsbald sprach man vom Tanzen. Darauf spielte der Zolleinnehmer einen Walzer, den er gleichfalls komponiert hatte: ‚Clemence‘. Der rauschende Beifall, der ausbrach, erfüllte ihn mit Genugtuung. Über ihm hing ein Lampion, von dem mit bemerkenswerter Regelmäßigkeit heiße Wachstropfen auf seinen Kopf fielen. So zog er es vor, seinen Platz zu wechseln und jetzt fing er an, alle Lieder seines Repertoires abzusingen, obwohl ihn niemand darum gebeten hatte.

An einer Tischecke hatte Guillaume Apollinaire die Möglichkeit gefunden, seine seit zwei Monaten liegen gebliebene Korrespondenz zu erledigen. Plötzlich improvisierte er ein Gedicht, und als Rousseau ein Lied beendigt hatte, dessen Titel ‚Pan! Pan! Ouvrez moi!' war, las er es vor.

Hier sind zwei Strophen aus Apollinaires Gedicht:

Erinnerst du, Rousseau, dich des Aztekenlands,
Der Wälder, wo im Spiel mit Mangue und Ananas
Die Affen alles Blut der Kürbisse vergossen,
Und jenes Kaisers blond, den man, tief drin, erschoß?

Vereinigt sind wir hier, um deinen Ruhm zu feiern,
Die Weine, die der Wirt nur dir zur Ehr' ver-
schenkt,
Die wollen trinken wir, da ihre Stunde schlug,
Und alle rufen wir: ‚Hoch lebe, hoch, Rousseau'.

Während das Fest andauerte, klopfte es plötzlich an die Türe. Es war der Barbesitzer Fauvet, der kam, um mit aller möglichen Schonung anzuzeigen, daß eine der Eingeladenen soeben, auf dem Trottoir in der Nähe seines Etablissements sitzend, aufgefunden worden sei. Die Dame war fortgegangen um frische Luft zu schöpfen. Infolge eines Fehltrittes und eines Sturzes war sie die ganze Rue Ravignan hinuntergerollt und bei der Bar aufgefunden worden. Das Ereignis ging fast unbemerkt vorüber, denn in diesem Augenblick trug sich in den Gängen des Hauses ein unangenehmer Zwischenfall zu: einer der Eingeladenen hatte bedauerlicherweise die Türe der Herrengarderobe mit etwas anderem verwechselt.

Bald wurde es fast unmöglich, die Folge der Ereignisse klar zu überblicken. Wie üblich, gab es einige recht heftige Diskussionen. Der Zolleinnehmer spielte den Damen auf seiner Geige zum Tanze auf. Eine Ziehharmonika, dann eine Drehorgel waren gekommen, um ihn abzulösen, obwohl er nicht die geringste Ermüdung zeigte. Die Köpfe wurden wirbelig, die Morgendämmerung brach an, die Flaschen leerten sich, einige von den Eingeladenen waren bereits verduftet. Auch heute noch bleibt es sehr schwierig festzustellen, wie das Fest endete.

Alles was man davon erfuhr, ist, daß der Däne erst am übernächsten Tage zum Diner eintraf. Er hatte sich während zweier Tage in den Gängen des Hauses verirrt. Übrigens speiste er am besten, denn an diesem Tage brachte der Wirt pünktlich zur anberaumten Stunde die Gerichte für das Bankett."

Die Wohnungen nehmen rasch das Aussehen ihrer Besitzer an. Es gibt dafür unwiderlegliche

Anzeichen und Beweise. Auch Picassos Atelier gab sehr nützliche Aufschlüsse darüber. Er hatte sehr viele Bücher. Sie waren nicht methodisch aufgestellt, sondern ohne Ordnung aufgestapelt. Man spürte, daß er sie nicht zum zweiten Male las. Die Detektiv- und Abenteurerromane, die er oft durchblätterte, standen neben unseren besten Dichtern. Sherlock Holms und die roten Hefte von Nick Carter und Bufallo Bill neben Verlaine, Rimbaud und Malarmé. Die französische Literatur des achtzehnten Jahrhundert, die er sehr liebte, war durch Diderot, Rousseau, Rétif de la Bretonne vertreten. Es ist bemerkenswert, daß man unter seinen Büchern keinen psychologischen oder naturalistischen Roman fand. Diese Tatsache erscheint bedeutsam, wenn man weiß, daß die Impressionisten von solcher Lektüre lebten. Picasso war, wie die ganze junge Generation, müde, übersättigt von diesen Schöpfungen, aus denen jede Kraftäußerung der Phantasie verbannt war. Seelenstudien, Naturstudien, Kopien und Überkopien der kleinen, menschlichen Angelegenheiten, besonders der häßlichen, nahmen die Stelle dramatischer Gestaltung ein. Das Theater wurde Amphitheater, der Roman medizinische These. Die sinnliche Literatur der Zeit erschien Picasso eher als eine Anwendung der Kunst, denn als Kunst selbst. Gewiß schuldet das Werk Piccassos der Literatur viel. Aber diese hat sich später schadlos gehalten. Cézanne hatte den Weg zu einer neuen Welt gewiesen, aber Malarmé und Rimbaud öffneten breitere und verzweigtere Straßen, sie waren selbst die kühnsten Entdecker von allen, die man sich in die noch nicht erforschten Gebiete des Empfindungsvermögens hatte hinauswagen sehen. Man hat den Wert des Malerischen in der Kunst herabsetzen wollen, weil einige es willkürlich gesucht haben. Dieser Vorwurf kann nicht zur Verurteilung führen. Die malerische Seite eines Werkes bildet immer seinen empfindungsreichsten, neuesten, frischesten Teil. Das Malerische entzieht sich jeder Regel und kann daher nicht zu den Gedankendingen gezählt werden, die sich unter den Schutz der Regel stellen. Ich halte also dafür, daß das Malerische bei einem Künstler zu seiner Empfindungsfähigkeit in direktem Verhältnis steht. Seine Überlegenheit gründet sich auf den Menschen, insoweit er wahrhaft Mensch ist, und nicht auf den Menschen, insoweit er durch Regeln geleitet wird, die nicht für ihn selbst gemacht wurden.

Der Geschmack, den wir immer für Reiseberichte bewahrt haben – und Picasso ist einer von denen, die ihn noch bewahren –, war nicht ohne großen Einfluß auf die Vorliebe, die er für die Negerkunst und ihren mystischen Realismus hatte. Ich habe von dem Geist der Uneigennützigkeit gesprochen, der sich in Picassos Werk oft selbst gegen seine widerstrebenden Anstrengungen durchsetzte, die ihn nur bestärkten. Es ist als hätte

Picasso mit Kant gedacht, die Kunst sei „Zweckmäßigkeit ohne Zweck". Als hätte er – indem er die Welt nicht mehr unter dem Gesichtspunkt einer verschwommenen und geschickten bildmäßigen Ausdeutung betrachtete – nicht mehr nötig, zu wissen, wieso eine Rose sich Rose nennt, um die Gemütsbewegungen zu empfinden, welche sie in uns erregen kann. Um ganz uneigennützig zu sein, darf die Kunst nur die Vergegenständlichung einer Erregung zum Ziele haben, die unabhängig von der Gestalt des Gegenstandes, der sie ausgelöst hat, empfunden ward. Die Sinnlichkeit kann wie die Psychologie eine Eigenschaft des Kunstwerkes sein, aber sie kann nicht das ganze Kunstwerk sein. Nun war aber die Sinnlichkeit das mächtigste, ja man kann sogar sagen das einzige Reizmittel der Impressionisten und ihrer Nachfolger. Diese Tendenz macht sich im allgemeinen in den Epochen des Niedergangs bemerkbar; in den Perioden der Renaissance, die sie ablösen, folgt ihr stets eine Art höherer Realismus. In jenen Epochen vervielfachen sich auch die wissenschaftlichen Entdeckungen. Doch hat man ein wenig übertrieben, wenn man den Einfluß der praktisch verwertbaren wissenschaftlichen Entdeckungen von Helmholtz, Claude Bernard und Chevreuil ausschließlich zugunsten des Impressionismus und des Naturalismus der „Fauves" geltend machte. Im Laufe einer Epoche bilden oft Tendenzen sehr verschiedenen Ursprungs zuletzt eine Gruppe oder der verallgemeinernde Geist gruppiert sie wenigstens durch die strengste Logik. Trotzdem kann man jedoch ihren Ursprung mutmaßen. Der Impressionismus und seine bemerkenswerten materiellen Bestrebungen entsprachen einem Bedürfnis, das zu bestärken er nicht wenig beitrug. Die Impressionisten bewahrten nicht die prachtvolle Sorglosigkeit jener Entdecker, die zur Entdeckung eines Gebietes aufbrechen, das sie nicht kennen, die also, um mit Kant zu reden, ohne Ziel, ohne „Zweck" aufbrechen und die niemals wissen, ob nicht der Horizont, den sie zu berühren hoffen, immer, ewig zurückweichen wird. Die Impressionisten machten sich zu erfahrenen Dienern der kleinen, sinnlichen Bedürfnisse. Sie bestimmten der Kunst ein Ziel, das nämlich, daß sie ihnen gestatte, mehr oder weniger genaue Ferngläser zu konstruieren. Auf diese Weise sah sich die Kunst einen „Zweck" gesetzt, und der absolute Kult der Sinnlichkeit konnte die Suche nach den feinsten Mitteln fordern, um dieser zu dienen; im Grunde verlangte sie vielleicht nichts als das. Im Gegensatz zu dem, was man gemeinhin denkt, „erfindet" die Wissenschaft vielleicht nicht so sehr als man glauben könnte, — wenigstens, wenn man das Wort „erfinden" in seinem eigentlichen Sinne betrachtet. Der Ausdruck „schöpfen" scheint weniger übertrieben, wenn man ihn auf die Künste, als wenn man ihn auf die Wissenschaft anwendet. Es hat mir immer geschienen, daß die Wissenschaften nur Elemente liefern, um unsere Neigungen zu befriedigen, und daß sie eher unseren Bedürfnissen folgen, als daß sie unserem Empfindungsvermögen Horizonte eröffnen. Deshalb konnten gewisse Entdeckungen in der zweiten Hälfte des neunzehnten Jahrhunderts den sinnlichen Bedürfnissen des Impressionismus sehr wohl als Handwerkszeug dienen.

Die Geschichte der Kunst zeigt uns unaufhörlich und ohne daß jemals irgend etwas dieser Verwirrung Einhalt täte, daß eine Bewegung, die an ihren Scheitelpunkt gelangt ist, stets eine Generation von Künstlern hervorbringt, die entschlossen sind, „es noch weiter zu treiben". Auch der Kubismus hat bereits erlebt, daß sich neben ihm der „Dadaismus" erhob, der sich zu ihm verhält, wie der „Fauvismus" zum Impressionismus. Die kühne Begabung der geistigen Urheber überschreitet die bloß mechanischen Absichten und das Suchen nach Mitteln und wendet sich sofort zum Übermaß. Sie machen aus einer inspirierten Tendenz die Kultur eines reinen Verfahrens. Was sie an Erfindungen mitbringen, ist im allgemeinen bestreitbar, denn sie bereichern die Tendenz, die der ihren vorherging, nicht durch wesenhafte Unterschiede, sondern nur durch solche des Grades. Was einem Bedürfnis entsprach, wird unter ihren Händen eine überflüssige Mode. Was bei ihren Vorgängern das nötige Maß bewahrte, wird bei ihnen, um nicht Mangel zu werden, dazu getrieben, die Grenze zu überschreiten. Und wir können dem Verfall einer Kunstperiode beiwohnen, die daran stirbt, daß sie das übertreibt, was sie ins Leben gerufen hat.

Die Übertreibungen der letzten impressionistischen Schößlinge, besonders der Fauves, widerstritten und widerstreiten noch einem Worte Bossuets, das hier an seinem Platze ist: „Die Sinne können das Äußerste nicht ertragen, nur der Verstand wird niemals davon verletzt." Die Gegenwirkungen entfesseln sich sicherlich nicht allein durch den Willen. Die verstandesmäßige Art, mit der die Fauves sich entschieden, aus der impressionistischen Bewegung mehr herauszuholen, als sie geben konnte, auf die Gefahr hin, sie zu erwürgen, und andererseits mehrere grausame und heilsame Warnungen beunruhigten das Empfindungsvermögen Picassos wie das seiner Freunde. Der Kult der Sinne erfordert ein großes Kapital, das wenig abwirft. Sich die Ohren abschneiden und dann umbringen nach Art van Goghs oder nach Tahiti fliehen nach Art Gauguins bildete trotz aller Feinheit nicht notwendig die Krönung eines ausgeglichenen Empfindungsvermögens. Das sahen auch diejenigen nicht ohne Schreck, welche, vermöge ihrer physiologischen Anlagen, eher zu diesen Tendenzen geneigt waren. Der Einfluß der beiden genannten Meister auf die allzu entschiedenen, allzu vernünftelnden Bestrebungen der Fauves ist unleugbar. Gegen diese Tendenzen sollte sich Picasso, zweifellos ohne Vorbedacht, mit leuchtender Kraft erheben. Die Anarchie der Deformation wurde durch die Diktatur der Neugruppierung aller Formen bedroht. Picasso sah diese Tatsachen nicht so schwarz, da geschrieben stand, daß ein neuer Wind anderswoher wehen sollte. Aber der Erfinderinstinkt, der in seinem Empfindungsvermögen arbeitet, zeigte ihm klar, in welcher Sackgasse sich die letzten Priester dieses überlebten Kultes ohne schätzenswerten Erfolg abquälten. Zu anderen Zeiten hätte es in der Tat geschehen können, daß der Kult, den Picasso der klassischen Zeichnung widmete, wenn nicht unbemerkt – denn man weiß alles und der Wert wird immer anerkannt – so doch wenigstens vernachlässigt geblieben wäre. Da er jedoch einem aufkommenden Bedürfnis entsprach, fand er rasch die für seine Entwicklung notwendige Begeisterung. Die Impressionisten und ihre Nachfolger behaupteten, die lineare Zeichnung sei eine

Konvention. Es ist sehr schwierig zu bestimmen, was auf dem Gebiete der Kunst Konvention ist und was nicht. Wovon man ungenügende Kenntnis hat, davon spricht man gerne schlecht. So wandten sich die Impressionisten von der Zeichnung ab, weil sie die Umrisse zu scharf begrenze und die Form roh behandle. Damals ließ man nach einer neuen Formel – die jedoch auch sehr nahe an Konvention streifte – nur gelten, daß die lineare Zeichnung mit Hilfe der Valeurs „gemalt" werde.

Der naturalistische Geschmack an der Deformation, das Suchen nach dem eigentümlichen Charakter und die Deutung der Natur entfesselten alsbald Ausschreitungen, die Picasso nicht lange ertragen konnte. Man hat den Kubismus eine Rückkehr zur Disziplin genannt, und das ist nicht durchaus falsch. Hätte man „Rückkehr zu einer Disziplin" gesagt, so wäre man dem Richtigen näher gekommen. Deshalb wurden die Qualitäten der Picassoschen Zeichnung mit einem Gefühl der Erleichterung aufgenommen. Der „Lebens-Aufschnitt", den man damals servierte und der so unangenehm aussah, wurde bald stehen gelassen, und man wandte sich der Reinheit und der beruhigenden Einfachheit jener Zeichnungen zu, die angenehme Linien hatten, aus denen jedes psycho-physiologische Suchen verbannt war. Nach und nach bildete sich ein neuer Kult aus. Denn dies ist das Vorrecht der Kunst, daß alle ihre Kundgebungen die Menschen in die tiefste Sphäre der Empfindungen verlocken, die sie besitzen. Auf die Herrschaft der Farbe, die immer mehr in die ermüdendste und ermüdetste Zerflossenheit versank, folgte die der Zeichnung um der Zeichnung willen. Man hat dieser Tendenz vorgeworfen, sie entferne sich von der menschlichen Natur. Eine schwächliche und ganz willkürliche Erdichtung, da man nur von dem Werke eines Narren oder eines Phantasten sagen könnte, es sei der menschlichen Natur nicht angemessen. Nur kann der ausschließliche Kult der Zeichnung zu einer gewissen Trockenheit führen, und so ließ die kubistische Technik eine ganze Anzahl von Werken entstehen, bei welchen das Schmeidigen der linearen Formeln ein ganz mechanischer Prozeß wurde. Die Klippe war schwer zu vermeiden, und bei einem derartigen Versuche konnte jedermann Gefahr laufen, zu scheitern. Es ist auch für Picasso die größte Ehre, daß er durch beständige Zärtlichkeit und Menschlichkeit gegen die Gegenstände seiner Vorliebe gezeigt hat, daß die von ihm gemachten Entdeckungen nicht die Frucht einer träumerischen oder sozusagen arabesken Phantasie sind, sondern die der empfindlichsten Einbildungskraft, die es gegeben hat. Bei Picasso folgt die Linie den Umrissen der freien Empfindung und zeigt so eine größere menschliche Freiheit an, als diejenige ist, welche jene strenge Regel, nach der die Linien gemalt und nicht gezeichnet werden, auferlegte.

Hierher gehört nun die Untersuchung, inwiefern Picasso in der Negerkunst eine Bestätigung seiner künstlerischen Gestaltungsart fand. Die Bildhauer in Afrika oder in Oceanien besaßen jene ursprüngliche Erregung gegenüber den Befehlen ihres Empfindungsvermögens, die Picasso immer spürte. Es war für ihn eine wertvolle Kontrolle, die Freiheit zu beobachten, welche die Neger dem Schlage ihres jungfräulichen Herzens ließen. Es war für ihn ein Trost zu sehen, wie jenes Empfindungsvermögen seine Gewalt der modernen, durch die dialektische Abnützung der Jahrhunderte immer mehr und mehr erschöpften Vernunft aufzwang. Die Neger hatten das Wort Kunst niemals gehört, und wäre nicht die Scheu vor dem Urteil der Welt, welche gewisse Leute verpflichtet über die Anstrengungen der Neger zu lächeln, wie sie über den guten weißen Neger, den Zolleinnehmer Rousseau, lächelten, so würde die weiße Menschheit glücklich sein, ihr Herz durch die Berührung mit der bildreichen und frühlingshaften Seele der schwarzen Bildhauer zu erfrischen. Picasso ging zu den Negern, wie man aufs Land geht: man bringt das Bedauern mit heim, nicht immer dort leben zu können. Er fühlte, daß ihre religiöse und mystische Treuherzigkeit ihnen die Empfindung der Proportionen und der Zeichnung gewahrt hatte; und darin könnten wir den besten Beweis dafür finden, daß die Rückkehr zu der linearen Disziplin aus etwas Ursprünglich-Menschlichem hervorgegangen ist. Außerdem reizte Picasso noch an der Negerkunst, daß jeder der farbigen Meister eine eigentümliche Art hatte, seine Konzeption zu verstehen und auszuführen. Auch boten alle Negerarbeiten Wesensunterschiede dar, die auf dem Empfindungsvermögen ihrer Hersteller beruhten, während die Werke der Weißen stets nur wenig merkbare Gradunterschiede untereinander aufweisen. Die Zivilisation und die Eisenbahnen hatten die unberührten Schwarzen noch nicht uniformiert. Die Seele jedes Negerarbeiters war eine Welt für sich, während unsere Seelen nur die verschiedenen Räder ein und desselben Ganzen bilden.

So stellte Picasso im Gegensatze zum Schaffen der Nachimpressionisten die Forderung auf, daß der Künstler nicht einzig der blinde Diener der Natur sein, sondern daß er vielmehr als ihr Meister aus all den Elementen, die sie bietet, neue Lösungen gewinnen soll. So sah man nach und nach die belebenden Grundsätze der Wissenschaft in die Kunst eindringen, während bisher ausschließlich die Methoden der Wissenschaft für die Kunst bestimmend waren. Nach Art der Geschichtsforscher verstehen wir es alle mehr oder weniger vorauszusehen, was sich ereignet hat; dies taten die Nachfolger der Impressionisten alle Tage mit Hilfe einer Kritik, deren Grundlage heute anerkannt, morgen wieder verworfen war. Wenn wir auch noch auf den Ursprung der Gegenwirkung zurückgehen wollen, die Picasso durchsetzte, so müssen wir feststellen, daß die sinnliche Malerei mehr und mehr unter der Orgie kraftloser, leerer Farbklänge zu ersticken schien. Das Raffinement der Sinnlichkeit machte die Farbe immer dünner, bis sie sozusagen verschwand. Das Wunder der erschöpfenden Untersuchungen eines Matisse, dann der Roussel, Laprade, Vuillard, Friecz, van Dongen und später der Boussingault, Segonzac, Gromaire, Alix und Luc Albert Moreau endete trotz ihrer konstruktiven Absichten damit, daß man die Fäden und den Einschlag dessen erriet, was immer mehr zum Handwerk wurde. Die Totenglocke begann dieser Bergmannsarbeit in erschöpften Gruben zu läuten, als die Mode sich ihrer bemächtigte. Die Ausschweifung der Farbe verbreitete sich alsbald über die Stoffe, die Möbel, die mondänen illustrierten Blätter und über die Theaterdekorationen. „Erinnerst du dich, Fernand Léger, an jene merkwürdige Dekoration, die wir in einem recht volkstümlichen Vergnügungslokal sahen, und die von irgend einem Kulissenmaler des russischen Balletts hätte gemalt sein können?" Selbst ein wenig starrköpfige Schüler der École des Beaux-Arts begannen den Impressionismus durch die Werke der Nachfolger hindurch zu entdecken. So fanden die Übertreibungen der Fauves aus jedem Lager des Pariser Dschungels, die Übertreibungen derer, die Tahiti nur aus dem Kino kannten, die Früchte der rein gehirnmäßigen Auffassung des Impressionismus im großen Haufen einen für ihre Entwicklung günstigen Boden. Die Augen verbrannt von den schreienden, immer unerträglicheren Mißgestaltungen – denn nicht jeder kann „deformieren" –, sah Picasso in ihnen bald nur mehr mühselige Improvisationen, peinliche Arbeiten, welche aus dem Handgelenk gemacht schienen, lauter Versuche, die damit endeten – wir fürchten uns nicht, es auszusprechen –, auch an dem dafür verantwortlichen Werk Cézannes Überdruß empfinden zu lassen. Wir baten alle um Gnade und unser Empfindungsvermögen flehte, man wolle doch nie vergessen, daß auch die Malerei Gegenstand der Ergötzung für unseren empfindungsfähigen Geist sein könnte. Obgleich es ein löbliches Verlangen ist, aufbauen zu wollen, nachdem man deformiert hat, so ist es doch nicht möglich, mit Materialien solid zu bauen, deren man sich schon einmal bedient hat. Wenn man nicht alles dem Erdboden gleichmachen und neues Material verwenden kann, so ist es vielleicht besser, sich weiter in dem alten Gebäude zu bergen, das man ja immer von einem Tag zum andern ausbessern kann. Die Nachfolger des Impressionismus entschieden sich jedoch für die erste Möglichkeit. Aus ihrem Unternehmen entstand nur eine gar ohnmächtige

Unordnung, was eine nahe Zukunft ohne Zweifel schmerzlich bestätigen wird. Deswegen fordern wir, daß selbst der künstlerischsten Unordnung eine Ordnung entgegengestellt wird, die mit der künstlerischen Gestalt der neuen Epoche in engerer Verbindung steht. Wir ziehen die Überzeugung der Gewalt vor und erinnern uns an das Wort von Fontenelle, das man bei Gelegenheit dieser Ausschreitungen mit aller Schärfe zitieren könnte: „Hättest du auch beide Hände voll von Wahrheiten, du solltest sie noch zweimal betrachten, bevor du sie öffnest." Die Nachfolger der Impressionisten boten uns offenbar sinnliche Wahrheiten zweiten Ranges dar, Wahrheiten, auf denen der Verstand ausruhen kann. Aber wir hätten sie lieber auf eine bescheidenere Art dargestellt gesehen. Mit einem Worte, da die Sinnlichkeit schließlich alles durch Definition entstellte, so machte sich das Bedürfnis nach ein wenig mehr Attizismus fühlbar.

In der Geschichte der Malerei treten oft gleichzeitig zwei allgemeine Richtungen auf: der Kult der Farbe und der der Linie. Man kann sogar bemerken, daß diese beiden Neigungen auf ethnographischen Verhältnissen basieren. Die Farbe und die Zeichnung: das sind Nord und Süd. Der Norden, dem die Farbe fehlt, liebt sie mehr als der Süden, der davon zu viel hat. In diesen Kategorien könnten figurieren: Rubens auf der einen Seite, Greco auf der anderen, Rembrandt und Raphael, Van Gogh und Lautrec, endlich Matisse und Picasso. Die Astrologie würde diese beiden Reihen als die der Jupiter- und der Saturn-Charaktere einander gegenüber stellen, die Physiologie würde darin die Spur des sanguinischen und der cholerischen Temperamente entdecken.

Die ersten, welche man eher „Maler" nennen könnte, zeigen die größte Nachgiebigkeit gegen die Sinne, auch gegen deren gefährlichste Schwächen. Sie scheuen sich nicht, ihr „Ich" in seiner ganzen Nacktheit auszustellen. Die zweiten, welche eher „Künstler" zu nennen wären, scheinen im Gegensatze dazu mit der scheuesten Scham ausgestattet zu sein; sie schämen sich, sich nackt zu zeigen, und verhüllen meistens ihre Sinnlichkeit unter einer heiteren oder strengen Außenseite.

Man bemerkt, daß im Laufe der Jahrhunderte jezuweilen eine dieser Richtungen mehr Anklang findet als die andere, und dann wieder umgekehrt. Man könnte daraus schließen, daß die Welt abwechselnd sanguinischer oder cholerischer ist. Dieselbe Beobachtung könnte man auf den kleineren Bezirk der einzelnen Nationen anwenden, sie würde den Ursprung aller dieser aufeinanderfolgenden Wirkungen und Gegenwirkungen besser erhellen.

Es handelt sich hier nicht darum, zu untersuchen, wer bei dieser beständigen Jagd nach der

Wahrheit oder nach einer Wahrheit näher daran ist, sie zu erreichen, derjenige, welcher über die Gaben zu subtilen Farbuntersuchungen verfügt, oder derjenige, welcher sich dem Spiel der Zeichnung rückhaltlos überläßt. Aber es ist nicht zu übersehen, daß die unbeschränkte Freiheit, die man den Sinnen einräumt, alle anderen Fähigkeiten aufsaugt. Daraus entspringt die beunruhigende Frage: welches Schicksal hat die Einbildungskraft in den Werken, die den Befehlen der Sinne allzu sklavisch gehorchen? Die großen Künstler duldeten es gerne, daß man ihre Werke als die Früchte einer Art Urzeugung ansah. Der Mangel an Einbildungskraft, den jeder in den nachimpressionistischen Werken erkennt, ist sicher einer der Gründe, warum mit Picasso nach einer allzu „malerischen" eine „künstlerische" Periode heraufkam. Bewies nicht der impressionistische Mißbrauch einer allzu beschränkten Neigung für die Wissenschaft, daß es besser wäre, nur den Einfluß ihres „Geistes" zu erfahren, statt den ihres „Buchstabens"? Jedenfalls stellte sich (wie wir bald sehen werden) das, was Picasso mitbrachte, beständig dieser Richtung entgegen, die jeder Erhebung und jeder persönlichen Inspiration bar war.

Vom Beginn der kubistischen Bewegung an hat es sich niemals darum gehandelt, Theorien aufzustellen. Die Nachfolger der Impressionisten hingegen haben nie etwas anderes getan, obwohl sie es gerade uns zum Vorwurf machten. Während die Nachimpressionisten von dem Punkte ausgingen, an dem ihre Vorgänger die Malerei gelassen hatten, machte Picasso mit allem, was vor ihm ausgeführt worden war, „tabula rasa". In der Tat verloren die Fauves die Bestrebungen ihrer Vorläufer niemals aus den Augen, sie adoptierten eigentlich nur ihre Theorien, die sie dann einfach nach ihrem besonderen Geschmack ausschmückten. Der Schöpfer, der allein im Raume dahinschreitet, weiß nichts von Theorie. Es war demnach natürlich, daß Picasso den Entdeckungen der Impressionisten und ihrer Nachfolger nur insoweit Rechnung trug, als sie zum festen Bestand der Malerei gehörten. Ebenso wie man Sprachkenntnisse besitzt, ohne ihnen mehr Bedeutung beizumessen, als man einem Arbeitsgerät schuldet. Picasso wollte sein Empfindungsvermögen nicht allein der Vervollkommnung der Instrumente widmen, die – wenn der Vergleich gestattet ist – zur Fabrikation einer derartigen Maschine nötig sind. Er dachte vielmehr, er müßte selbst eine lebende Maschine konstruieren, wie sie seinen Vorgängern niemals gelungen war. Übrigens erfordert die Konstruktion einer neuen Maschine die von neuen Geräten. Aus dieser Notwendigkeit heraus konstruierte Picasso die neuen Werkzeuge, die ihm unentbehrlich waren, das heißt neue Mittel, ohne ihnen jene ausschließliche Wichtigkeit beizumessen, welche die Fauves oder die Neo-Klassiker der Ausführung in ihren Werken zubilligten.

Betrachten wir die neuen Ideen näher, die sich in Picassos Werk denen seiner Vorgänger entgegenstellen und die jene bisher noch nicht verwendeten Mittel nötig machen, wie zum Beispiel die Verwendung von Papier, Holzstücken und im allgemeinen jenes „Lokaltones", welchen die Impressionisten verdammten.

Das Studium der Mittel eines Künstlers gehört eigentlich nicht in den Bereich der Ästhetik. Es kann nicht zeigen, warum man ein Werk liebt, es dient nur dazu, die wissenschaftliche Neugier zu befriedigen. Diese ist zwar sicherlich berechtigt, aber sie erheischt Spezialkenntnisse, wenn man jenes Studium in nutzbringender Weise betreiben will. Es wäre gut, wenn ein Maler die Technik Picassos studierte. Deshalb überlasse ich die Aufgabe, über die Palette Picassos eine Abhandlung zu schreiben, Leuten mit spezielleren Kenntnissen.

Da ich zudem auch fürchte, daß ich es nur mit Hilfe an sich ungenügender und von der Kritik verbrauchter Ausdrücke tun könnte, so werde ich mich darauf beschränken, die Technik Picassos nur insoweit darzulegen, als es sich um Anwendung neuer, vor ihm noch nicht gebrauchter Mittel handelt.

In die Werke der Jahre 1912-1914, die man bei Henry Kahnweiler sehen konnte, hat Picasso Zeitungsabschnitte, ja sogar allerlei Gebilde aus Papier, Karton, Metall oder Draht eingebaut, Gebilde, die das kühnste plastische Suchen offenbarten. Es ist leicht, die Motive aufzuhellen, die Picasso dazu führten. Wir haben gesehen, daß Picasso seine Eingebung aus seinem Empfindungsvermögen schöpfte. Das heißt, daß er auf Grund bestimmter empfundener Erregungen und aus tiefer Liebe zu der Natur, welche seine Einbildungskraft neu schuf, zu wollen schien, die Gegenstände sollten fähig sein, durch sich selbst, durch ihre

Mittel also die Eignungen zu gewinnen, die jener Schönheit, in der er sie ahnend geschaut hatte, entsprächen. Durch diese Tendenz gelangte er nahe an die reinste Realität, machte er – wenn man so sagen kann – seine Erregung auf die unmittelbarste Weise konkret. Es erschien ihm rechtmäßig, seinen Bildern die Stoffe selbst einzufügen, die seine Vorliebe gewonnen hatten, und sie rein malerischen Stoffen anzugleichen. So entstammte, um das Beispiel des Zeitungspapiers anzuführen, diese Vorliebe der Harmonie, die in der Verteilung der schwarzen Buchstaben über das weiße Papier im allgemeinen empfunden wird.

Gewiß, Picassos Kühnheit war groß, aber im Widerspruch mit gewissen Behauptungen muß man sich davon überzeugen, daß sie niemals einen unlauteren Kern hatte, etwa den eigennütziger Neuerungssucht. Picasso beschränkte das Einfügen wirklicher Stoffe in die Bilder auf Zeitungspapier und Glaspapier. Allerdings führte er später zur Andeutung des Lokaltones oder der Lokalmaterie noch neue Stoffe ein. Diesmal jedoch nicht mehr wirkliche, sondern nachgeahmte. Die kleinen Äste, die Wachsleinwand, die bemalten Papiere helfen die Werke aufbauen, die der Konzeption Picassos in jener Periode entsprachen.

Daß Picasso Zeitungspapierstücke in seine Bilder einfügte, darf man durchaus nicht damit zusammenwerfen, daß Buchstaben, Zeitungstitel, Flaschenetiketten und dergleichen gemalt wurden. Es ist offensichtlich, daß hier die Buchstaben in ihren Formen, als rein plastische Elemente und nicht als Stoffe genommen, beibehalten sind. Es handelt sich um Elemente, welche das moderne Leben mit seinen Anschlägen, seinen rührigen Buchhandlungen, seinen Lichtreklamen auf eine Weise vervielfacht hat, daß sie im Gewebe unseres Empfindungsvermögens eine hervorragende Stelle eingenommen haben. Von hier war es nur ein

Schritt dahin, ihnen plastischen Wert zuzuweisen: Picasso hat ihn entschlossen getan.

Wir müssen die Bedeutung dieser neuen Richtung bei Picasso unterstreichen. Ich wiederhole von neuem, daß der „Leuchtturm", wie ihn Baudelaire nannte, und nicht der „Meister", wie ihn die Kritik nennen würde, es ist, der die Entwicklung unseres Empfindungsvermögens am besten aufklärt. So wird auch die Geschichte der Kunst diese Phase des Picassoschen Schaffens merken müssen, weil darin jene innige Vereinigung des menschlichen Empfindungsvermögens und seines künstlerischen Ausdrucks am deutlichsten sichtbar wird, welche Benedetto Croce leugnete. Picasso hatte klareren Einblick als andere in den Bereich jener malerischen Erregbarkeit, die wir alle besitzen, aber der eine mehr, der andere weniger. Er verstand es, die neuen Elemente zu fassen, welche die Stunde ihm zutrug, aber rein malerische Elemente, und er erstattete sie der Natur in Form von Werken wieder, in welche diese Elemente eingefügt worden sind, ohne ihre Lebendigkeit zu verlieren. So setzt sich im menschlichen Leibe die tägliche Nahrung in Lebenskraft um.

Man hat auch gesagt, daß diese Neuerung Picassos sich der Photographie bedenklich genähert habe. Vielleicht, aber sein Verdienst ist es gerade, daß er sein Empfindungsvermögen als Maler konkret zu machen vermochte, ohne jene Grenze zu verletzen, deren Überschreitung uns nur den Eindruck der Unordnung oder der Plattheit gegeben hätte. Picasso verstand es, dem Suchen nach Mitteln die Rolle anzuweisen, die ihm gebührte. Niemals maskierten die Mittel die Empfindungen des Künstlers. Picasso hielt sich stets innerhalb der künstlerischen Rechte, um nicht die des erfinderischen und empfindungsfähigen Menschen zu verletzen.

Der Gegensatz zu der Art der Impressionisten braucht nicht erst betont zu werden, ihrem Geschmack an dem „Buchstaben" der Wissenschaft, der sich durch eine ausschließliche Neigung zum „Phänomen" offenbarte. „Das was erscheint", war ihr einziger Kultgegenstand, dessen Priester ihre Sinne waren. Daraus folgt, daß die Erfahrung allein die Regel ihres künstlerischen Verhaltens war. Die aufmerksame Prüfung der Gegenstände überlieferte ihnen das Bild einer in ständiger Änderung befindlichen Welt. „Das wechselnde Antlitz der Stunde" ist noch immer für die Anhänger dieser Schule das Feld, welches ihr oberflächlicher Realismus am liebsten bearbeitet. Die Erfahrung kann sich aber nicht selbst genügen, sie ist nur die Feststellung von Tatsachen, die man überdies oft nur einem Zufall verdankt, da die Sinne uns täuschen. Wohlverstanden, man darf nicht jeden Rat des Zufalls zurückweisen. Aber wir können nicht alles auf eine Karte setzen, denn sonst wohnen wir nur einer Exposition der Mittel bei, ohne jemals die reine Gemütserregung wahrzunehmen, die ihren Sitz weder im Hirn noch im Bauche hat, sondern in gleicher Entfernung von diesen beiden Organen, im Herzen. Das Dasein der durch die Erfahrung bekannten Tatsachen ist stets von ihrer Natur verschieden, die Kenntnis ihrer Struktur bestimmt daher niemals ihr Sein. Welche Verirrung, daß die Nachimpressionisten in diesem „wechselnden Antlitz der Stunde", von dem man so oft gesprochen hat, einen Abglanz der Ewigkeit sehen konnten. Es scheint ganz im Gegenteil, daß allein die heterogenen Ereignisse, welche die Gegenstände begleiten, ihre wahrhafte Natur enthüllen, sie vervollständigen, ihre Ausstrahlungen sind, und etwas wie ihre wirkenden Ursachen bilden. Die Erfahrung kann nur die Definition der Gegenstände geben, das heißt ein einfaches Schema, da die Ereignisse, welche einen Gegenstand ins Leben rufen oder ihn verschwinden lassen, „rings um" ihn ablaufen und folglich keinen Einfluß auf seine Definition haben können. Endlich: welches Bedürfnis besteht, die Dinge für immer zu definieren, welche unsere Augen täglich definieren, und das Werk der Wörterbücher beständig neu zu beginnen? Die Kenntnis durch Erfahrung hat nichts Gesetzmäßiges als ihre praktische Nützlichkeit. Folglich verliert sie sich in der Verallgemeinerung. Man sieht also noch einmal, es ist äußerst problematisch, ob diese Abstraktion in der Kunst notwendig sei. Ich habe bereits auf die Unzukömmlichkeiten dieser Form der Schlußfolgerung hingewiesen. Sie könnte allerdings, streng genommen, der Gesetzmäßigkeit fähig sein, jedoch nur, wenn sie einen der Erfahrung unterworfenen Gegenstand beträfe. Dies ist jedoch die Kunst durchaus nicht. Wir werden also nicht mehr erstaunen, wenn die Nachfolger des Impressionismus jenen Begriff der Induktion stark hervorheben, von dem ich schon sprach, und der zu der erwähnten experimentellen Verwirrung beitrug.

Die Induktion in der Kunst führt uns zum Ursprung der Gesetze. Ich habe schon kurz gesagt, was uns das Werk Picassos über diesen Gegenstand zu denken ermächtigt; ich komme hier ausführlicher darauf zurück. Die Künstler, welche vorgaben, die Induktion zu einem Fundament der Kunst zu machen, haben nicht beachtet, daß die Bildassoziationen allzu persönlich sind. Die Erfahrung verfügt nicht über eine Anzahl, die hinreichen würde, um die Ableitung von Gesetzen daraus zu gestatten. Das Empfindungsvermögen ist keine Menge, es ist eine Quelle, wenn man will inkommensurabler, vor allem aber untereinander unvergleichbarer Vorgänge. Die Assoziationen, die sich dem Joch der Gesetze beugen, können nur Bilder liefern, die infolge ihrer Wiederholung schon bekannt sind. Erfahrung: Beweis des Beweises, sagte Vauvenargues. Die Induktion in der Kunst ist ein Wiederholen der durch die Überlegung aufgestellten Grundgedanken. Folglich kann sich ihre Methode nicht auf das schöpferische Empfindungsvermögen anwenden lassen. Induzieren ist stets Erkennen und nicht Empfinden. Obendrein heißt Erkennen in dem vernünftelnden Sinn der angewendeten Wissenschaft nach dem Buchstaben und nicht im Geiste jene Wahrheiten erkennen, welche nicht vom Kommodismus angesteckt sind. Induzieren heißt versuchen, den Geist, nicht zugleich das Empfindungsvermögen zu überzeugen. Induzieren heißt, Grundsätze immer von neuem beweisen, bei denen es mißlungen ist, sie als ein für allemal anerkannt vorauszusetzen. Die Entdeckungen Picassos im Gebiet des Empfindungsvermögens wurden im Augenblick, da er sie machte, durchaus nicht anerkannt. Der Künstler, welcher schafft, stellt Tatsachen auf und überläßt anderen die Sorge, sie zu kommentieren, wenn es ihnen Spaß macht. So werden Picassos Schüler später von seinen Entdeckungen zehren und daraus durch Induktion die verallgemeinernden Gesetze folgern können, wenn sie eine Notwendigkeit dazu sehen. Leider ist es wahrscheinlich, daß sie sie sehen werden.

Indem also die Impressionisten und ihre Nachfolger die Induktion zur logischen Basis ihrer Kunst machten, vergrößerten sie nur die Schwierigkeiten des Problems. Sie versuchten es neuzugestalten, indem sie es entstellten, sie versuchten, es zu deuten, seine Grundprinzipien zu diskutieren, aber es scheint ihnen kein Gedanke daran gekommen zu sein, es zu lösen. Picasso betrachtete in den Werken, welche zur Zeit entstanden, da er mit den Lebenden zu leben begann, das Universum als eine Quelle besonderer Tatsachen, von welcher jede ihr eigenes Leben hatte. Die akademische Erziehung und die experimentellen Methoden der Sensualisten hatten von der Erkenntnis fordern müssen, daß sie sie zu Herren der Natur mache. Indem sie in der Natur nur für die Phänomene Interesse hatten, machten sie die Künstler, die ihren Weisungen folgten, zu wahren Sklaven eben dieser Natur. Picasso bemerkte zwar auch, was im Universum vorging, aber im Gegensatz zu ihnen, das was war, das was blieb. Er sah in den Gegenständen nicht bloß Motive der Erfahrung, er suchte nicht einfach ihre vergängliche Form, dieses Futter für die oberflächliche, abstrakte und bequeme Wahrheit, zu befreien, er wollte ihnen eine Seele geben, die Seele ihrer ewigen Form. Also keine unfruchtbare Nachahmung der Natur mehr, da die Sinne täuschen, und da die Kunst nicht ewig mit der Puppe spielen kann. Die Gegenstände waren fortan für Picasso nichts als die Elemente einer Atmosphäre oder die Einzelheiten einer Sprache, nur geeignet, ihm den Ausdruck seiner aufmerksamen und empfindsamen Seele zu gestatten.

Der Kubismus Picassos — wir müssen diese Bezeichnung beibehalten, die ihm mit einem spöttischen Beigeschmack, wie ihn das Wort

Gotik einmal hatte, gegeben wurde und zwar von Matisse, der sich dabei nicht träumen ließ, welche Bedrängnis er durch dieses ihm plötzlich aufgegangene Licht erfahren würde – der Kubismus, sage ich, scheint sich a priori jeder ausschließlich sinnlichen Richtung entgegenzustellen. Ein Mann von Geist nannte ihn eines Tages „Malerei für Blinde". Vielleicht lag ein Stück Wahrheit in diesem Wort. Aber es wurde in den Anfängen des Kubismus gesagt, damals als wir durchaus nicht Theorien aufstellen wollten, sondern, um nicht zu entgleisen, Pfähle und Merkzeichen auszustecken suchten, die uns bei Beobachtung aller Vorsichtsmaßregeln erlauben konnten, in die noch unbekannten Gebiete vorzudringen, die wir erforschten. Für die Ungeduldigen, welche meinten, daß den Versuchen sogleich die Erfüllung folgen müßte, hat der Kubismus nicht diejenigen Resultate gezeitigt, die sie von ihm erwarteten. Ich bin darüber glücklich.

Brauchte man sie doch niemals zu sehen! Die „Malerei für Blinde", die sich dem entgegenstellte, was man den „trunkenen Pinsel" nannte, machte das Suchen nach besonderen Konstruktionen notwendig. Man konnte nicht mehr damit rechnen, das zu erbauende Haus an die benachbarten Gebäude anzuschließen. Es mußte allein auf einem Platze errichtet werden. Die Aufgabe Picassos bestand also nicht in einer rein intellektuellen Arbeit, deren Anlaß entweder aus irgendeinem visuellen Reiz noch aus irgendeinem aus der Erinnerung geborenen Vergleich stammte, sondern sie war fortan an den Impuls seiner schöpferischen Einbildungskraft gebunden. Man konnte sagen, daß einer der Grundgedanken des Impressionismus der Abscheu vor dem Konventionellen war. Die lineare Zeichnung war in diese Proskription einbegriffen. Dies war jedoch eine nicht gar ernst zu nehmende Anmaßung. Die Kunst ist Konvention oder sie ist nicht; ohne Konvention ist sie nichts als Photographie. Übrigens ist der Impressionismus glücklicherweise gegen diesen Vorwurf gesichert, denn die Fähigkeit der Beobachtung, das Suchen nach dem Wesen der Erscheinung und sogar das Studium der Natur bezeugen, daß er mit diesen Tendenzen nur neue Konventionen an die Stelle der alten setzte. Und zwar sowohl in seinem Suchen nach Mitteln, als in seinen intellektuellen Vorurteilen.

Jedenfalls geht aus diesen drei Tendenzen deutlich hervor, daß die Kunst der Impressionisten und ihrer Nachfolger vor allem eine Kunst der Definition, und noch dazu einer sehr gelehrten Definition, ohne Spur von Empirismus, war. Wir haben gesagt, wie sehr uns die Definition in der Kunst außerhalb der Kunst zu stehen scheint, zum mindesten außerhalb der freien Kunst, deren Name nur als Aufschrift für den Ausdruck des Empfindungsvermögens dient. Die Definition in der Kunst ist nur ein mehr oder weniger vergoldeter

Rahmen. Er kann nicht alles sein; es ist noch das Bild zu malen. Die Form des Ausdrucks, welche Picasso benutzt zu haben scheint, oder exakter die Fährte, der seine Persönlichkeit folgte, um das Ziel zu erreichen, das sie sich gesteckt hatte, scheint eigentlich zur Deduktion zu gehören. Der ein wenig gewöhnliche Individualismus der Nachimpressionisten strebte dahin, von der Welt eine Silhouette zu entwerfen, die ihren notwendigerweise „definierten" Persönlichkeiten entsprach. Bei Picasso hingegen reizten zunächst die Beziehungen zwischen seinem Empfindungsvermögen und den Gegenständen seine Aufmerksamkeit. Er verlangte von seinem Werke nicht, daß es die Bindungen zur Anschauung bringe, welche die Gegenstände untereinander vereinigen oder sie mit dem Beschauer verknüpfen können. Er gestattete sich auf die Gegenstände nur einen verstohlenen Blick zu werfen, der für das rechte Gleichgewicht der Gemütserregung unentbehrlich war, die ihm ihre lebende Seele enthüllte. Aus dem Element, das er auf diese Weise gewonnen hat, schafft er ein ganz aus seinem Empfindungsvermögen entstandenes Werk. Mit den konventionellen Erscheinungen der Natur hat es nicht mehr Ähnlichkeit als ein elektrischer Apparat mit dem Fluidum, das ihn in Bewegung setzt. So ist ein Gemälde ein Gemälde wie eine Gitarre oder ein Würfel eine Gitarre oder ein Würfel ist, das heißt, ein Gegenstand für sich, der weder die Kopie noch die Auslegung von irgend etwas anderem ist.

Man sieht, die intuitive und gleichzeitige Erkenntnis eines Gegenstandes steht am Ursprung dieser Konzeption. Picasso sucht nicht zum Gegenstand hinzukommen, er geht vom Gemälde-Gegenstand aus, welchen seine Einbildungskraft ein für allemal geschaffen hat. Mit einem einzigen Stoß derselben ergreift er im ersten Ansturm die Gewißheit, die immer unmittelbar sein muß, das heißt aus keiner Zufälligkeit, aus keiner vernünftelnden Reflexion hervorgehen darf. Für Picasso steckt also die Schönheit nicht in der Darstellung eines existierenden oder nicht existierenden Gegenstandes, sondern in den Beziehungen zwischen den Anschauungen seiner Einbildungskraft. Den Wert der aus dem Universum entnommenen gegenständlichen Elemente in einem Werke ausschließlich herrschen lassen, das gehört zur akademischen Unterrichtsmethode. Die entsprechende Ausschreitung nach der anderen Seite fand sich bei den Nachimpressionisten, für welche die subjektiven, aus dem Künstler allein hervorgegangenen Elemente einzig in Betracht kamen. Im Gegensatz hierzu hat bei Picasso keine dieser beiden Reihen von Elementen die Vorherrschaft über die andere; sie sind innig gemengt im Schmelztiegel eines künstlerischen Empfindungsvermögens, das dadurch keinen Zwang erleidet; und der Grund für diese Tatsache könnte in der lebendigen Geistigkeit Picassos gesucht werden, die man als die natürliche Ursache jenes ungewöhnlichen Schamgefühls ansehen könnte, das ihm auszustellen verbietet, was in seinem Ich notwendigerweise an allen Menschen Gemeinsamem lebt.

So ist jedes Werk Picassos ein Stück reiner Einbildungskraft. Pablo Picasso ist darin ganz und gar nicht dargestellt, sondern der Künstler, der sich Picasso unterzeichnet, hat hinein ergossen, was ihm sein Dämon eingegeben hat. Man darf also nicht erstaunt sein, wenn die alten Maße des Raumes und der Zeit seinem Wuchs nicht mehr angemessen scheinen. Diese alten Begriffe werden von ihm nur als alte Regeln und vor allem als besonders strenge Regeln angesehen, die niemals für ihn gemacht wurden, und die er, nach allem, außer acht zu lassen ein Recht hat.

Man sieht: anstatt die Natur mit Hilfe aller seiner unvermeidlichen sinnlichen Schwächen und zum Schaden seiner Einbildungskraft auszulegen, anstatt alle Werte umzustürzen in der Hoffnung, in dieser Umwälzung zufällig einem wunderbaren Gleichgewichte zu begegnen, anstatt mit raffinierter Schlauheit ausschließlich die Feuer der Farbe spielen zu lassen, kurz anstatt der Kunst eine nur materielle Bestimmung zuzuweisen, hat ihr Picasso eine Reinheit und eine Frische gegeben, welche in engerer Beziehung stehen zu dem schönsten Endzweck, den man ihr setzen kann. Da die Kunst nur eine „Zweckmäßigkeit ohne Zweck" sein kann, so entlastet sie Picasso gleichzeitig von aller sinnlichen Übertreibung und von allen Notwendigkeiten zweiter Ordnung, die ihr einen Nützlichkeitscharakter geben können. Die Kunst – wir wiederholen es immer wieder von neuem – darf nur dazu dienen, eine reine, von jedem Interesse befreite Erregung im Empfindungsvermögen des Beschauers wachzurufen. Es ist klar, daß unsere Erregung, wenn wir ein Naturschauspiel bewundern, keiner künstlerischen Konzeption zugehört. Wir bewundern eine Landschaft, weil die Elemente, aus denen sie besteht, sich nur als Strahlungen auslösen, die mehr oder weniger mit unserem Empfindungsvermögen übereinstimmen. Wenn ich sage, die Sonne ist schön, so meine ich, daß in diese Empfindung kein Vergleich mit irgend etwas anderem eintritt. Damit erscheint jenes Gefühl der unbedingten Uneigennützigkeit im vollen Lichte, das ich am Anfang dieser Studie als einen der Drehpunkte des Picassoschen Werkes bezeichnet habe. Also keine Psychologie, keine „wahren Charaktere." Ein Bild Picassos erregt uns heftig, ohne daß wir wüßten warum und ohne daß wir danach suchen müßten. Wir wollen nicht wissen, ob er die Natur studiert hat oder ob er das, was er darstellt, beobachtet hat: das geht uns nichts an. Wenn ich die Landschaft bewundere, von der ich sprach, so sage ich nicht, daß sie eine gute Photographie oder ein nachimpressionistisches Gemälde trefflich nachahmt. Ein Werk Picassos stellt einen Gegenstand vor uns hin, der ganz lebendig aus ihm entsprungen ist. Er hatte es niemals nötig, einen Garten zu kaufen, um die Blumen darin zu malen, niemals sah man ihn auf der „Jagd nach Motiven". Seit langem hat er die „Modelle" aufgegeben. Picasso, Herr seiner Kunst, stellt dem visuellen Realismus eine Art höheren Realismus entgegen und nicht bloß jenen, der nur geeignet ist, mehr oder weniger geschickt Abstraktionen zu verwirklichen. Es handelt sich vielmehr um einen Realismus voller Reinheit, der aus seinem eigenen Herzen eine lebendige Schönheitsquelle hervorsprudeln läßt. Keine Übersetzungen, keine Auslegungen von Gemütserregungen „auf Befehl". Ich brauche Eure Meinung über jene Landschaft nicht, – das erfreute das Herz des Impressionismus – denn ich habe die meine, die ich für die beste halte. Wozu dieses Gewäsch? Ich weiß wohl, daß wir nicht unausgesetzt nur

Wesentliches reden können, aber sagt mir nicht: ich werde Sie sehen lassen, was ich gesehen habe, zeigt mir „etwas". Ich suche ein Werk, ein geschaffenes Werk und nicht Paraphrasen, Exegesen oder Variationen über Eindrücke, welche alle Welt gehabt hat.

Das Schöpferische steht heute im Mittelpunkt der Kunstbetrachtung. Im Gegensatz zu den Ausdrücken „übersetzen", „deuten", „beobachten" hat die junge Generation das Wort „schöpfen" in Kraft gesetzt, indem sie ihm eine absolute Bedeutung gab. Der Ausdruck ist freilich ein wenig stark, und wir können ihn nicht begreifen, ohne die Ergänzung „ex nihilo" hinzuzufügen. Das Wort „erfinden" wäre vielleicht dem menschlichen Wesen angemessener, aber es ist so verhunzt worden, daß wir auch daraus wieder die Nutzlosigkeit der Definitionen erkennen. Der Künstler müßte unbedingt den Namen „Poet" tragen, in dem Sinne, der ihm nach der griechischen Mythologie zukam.

Er müßte derjenige sein, der „macht", d. h. der etwas aus seinen eigenen Mitteln verfaßt ohne Einfluß und Beistand von außen, die in ihrem Bereiche gebunden, zu ausschließend wirken. Erinnern wir uns jener Künstler aus der literarischen Kindheit Frankreichs, welche man trouvères, troubadours, ja selbst trouveurs nannte. Der Ausdruck trouver „finden" war die Seele dieser Benennungen, welche so deutlich kennzeichneten, daß jeder, der auf das Empfindungsvermögen von seinesgleichen einzuwirken wünschte, nur mit seinen persönlichen „Funden" rechnen durfte. Euch bleibt es überlassen, anzunehmen oder zurückzuweisen, was sie Euch boten, aber sie machten dem Geschmack ihrer Zuhörer keine Zugeständnisse. Ich weiß, man kann erwidern, daß sie sie nicht kannten, aber dies ist eben gerade die tiefste Ursache der Frische, der Aufrichtigkeit ihrer Werke, und der moderne Künstler ist keineswegs verpflichtet, sich sklavisch unter das Joch des zeitgenössischen Geschmackes zu beugen.

Picasso lehnt es ab, die Kopierung der Natur bis zum Paroxismus zu treiben, in der Art, wie der Mensch Gott zu seinem Ebenbilde machte, er hatte vielmehr ein zu starkes Bewußtsein von der eigenen Realität des Universums, als daß er versucht hätte, es den anderen zu übermitteln. Daher fügt jedes seiner Werke der Zahl der Gegenstände, welche in der Welt existieren, einen neuen hinzu. Anstatt ein bereits, jedoch noch nicht ganz, eingezahltes Kapital auszunutzen, fügt er neue Bestände hinzu. Picasso, welcher der Tendenz seines Jahrhunderts gemäß einen ausgesprochenen Geschmack für den Geist der Wissenschaft hat, weiß wohl, daß seine Einbildungskraft ganz natürlicherweise allein und unter ihrem eigenen Antrieb handeln kann, während er selbst nur Zuschauer ist. Er fürchtet sich daher nicht, Axiome festzusetzen, die ihm streng eigentümlich sind, und die er als persönliche Wahrheiten ansieht, welche er der Natur aufzwingt. Man ist nur stark, wenn man sich der Natur widersetzt, sagte Renan. Er fügte hinzu, daß der wilde Baum niemals schöne Früchte trägt, sondern daß er solche erst hervorbringt, wenn er Spalierbaum geworden ist. Picasso sucht nicht die Natur in genießerischer Absicht zu zwingen, die ganz zu den sinnlichen Bedürfnissen der Nachimpressionisten passen würde. Anstatt einen Baum zu veredeln, schafft er einen neuen, von dem wir nur die köstlichen Früchte einzuernten haben. Man versteht, daß Picasso, der die Luft der modernen Philosophie geatmet hat, die Welt nicht so sieht, wie sie seinen Augen erscheint, sondern so, wie er sie neu schafft. Nach den Eingebungen seines Empfindungsvermögens stellt er sich eine neue kleine Welt vor und kraft der geheimnisvollen Gaben, die ihm seine Geburt verlieh, erweckt er im Beschauer jenes Gefühl innerer Befriedigung, das wir Schönheit nennen. Es sei nochmals betont, daß das Schöne nur das ist, was wir tief – nicht oberflächlich – lieben; damit werden viele Enttäuschungen vermieden werden. Der Künstler kann keine Zusammensetzung aus Molekülen sein, die ihn als einfache Einheit der menschlichen Gemeinschaft hinstellt, er muß „der gefallene Gott" des Philosophen sein. Aber man braucht deshalb keine außermenschlichen Entdeckungen zu befürchten, denn trotz seiner Uneigennützigkeit werden Erziehung und Tradition seinem Gedächtnis die kräftigste Nahrung zugeführt haben. Diese Erinnerung wird jedoch zum größten Glück kein Magazin sein, aus dem er auf scholastische oder experimentelle Art schöpft, sie wird ein Filter aus seltenem Stoff sein, durch welches ein Empfindungsvermögen durchsickert, das die Besonderheit Picasso bedeutet. Demzufolge kann mit Guyau der Künstler bei jedem Werke, das er hervorbringt, neu zu leben beginnen. Und seine Erinnerung wird stets innig vereint bleiben mit dem, dessen er sich als gefallener Gott oder besser als Gottmensch oder einfacher als Schöpfer vom Himmel seiner Kindheit entsinnt.

Es bleibt noch übrig, einige Worte über Picassos Bildhauerarbeit zu sagen. Zugleich mit den Ölbildern, Pastellen, Gouachen, Zeichnungen, Kupferstichen und Radierungen, die er täglich ausführte, widmete er sich der Skulptur. Der Ton wie das Holz, besonders das Buchsbaumholz, das Horn und das Kupfer zeigten ihn im Besitz der vollkommensten Bildhauerkunst. Diese Werke standen durchaus in Beziehung zu den malerischen Schöpfungen der gleichen Periode. Sie bestätigen und bereichern unsere Erkenntnis der Qualitäten seines Empfindungsvermögens. Nach und nach jedoch, unter dem Einflusse Cézannes, übertrug er, namentlich bei Gelegenheit einer weiblichen Büste, auf diese bildhauerischen Versuche die Unruhe, welche die Malerei in ihm erzeugt hatte. Er suchte, scheint es, in der Skulptur eine Art plastische Kontrolle.

Diese Versuche schienen ihm aber nicht hinlänglich. Damals kam ihm der Gedanke, daß auch die Skulptur entschieden etwas anderes sein müßte, als eine Kopie der Natur. Die Götterköpfe mit Tiergesichtern, die Isis mit dem Rinderkopf, die Seelenwage der Ägypter, die Dämonen und die Engel der romanischen und gotischen Zeit, die Ungetüme der altchinesischen Kunst und der Negerplastik überzeugten ihn noch mehr davon. Er entschloß sich also zu dem Versuche, der Bildhauerei die Flügel zu verleihen, mit welchen er die Malerei zu begaben sich vorbereitete. Er schuf so Gegenstände, die durch ihre Plastik fesselten, Stilleben der Skulptur, welche den Stempel seiner Einbildungskraft trugen, seltsames Spielzeug, bei dem das Licht den Umrissen seiner Phantasie folgte.

Picasso bewahrte jedoch stets eine Vorliebe für die Malerei. Auch wäre ich versucht zu glauben, daß er die Skulptur aufgab, weil ihm diese Kunst ein eigentümliches Wesen zu haben schien, das von jeder anderen Äußerungsart des aktiven Empfindungsvermögens verschieden ist. Die klassischen Beispiele von „Maler-Bildhauern" hatten ohne Zweifel auch an dieser Überzeugung Anteil. Bildhauerei und Malerei, Dichtung und Musik müssen autonom sein. Vielleicht ist die Seele der Bildhauerei noch zu entdecken; denn ach! die Kunst, mit großen Buchstaben geschrieben, scheint uns nur ein Gemisch aus verschiedenen künstlerischen Spekulationen, eine Vereinigung, vergleichbar derjenigen eines großen Kaufhauses, wo sich unter demselben Dache alle Waren zusammenfinden. Picasso begriff, denke ich, schnell, daß seine Skulptur nur eine mit den Mitteln der Bildhauerkunst gestaltete Malerei war. Er fühlte ohne Zweifel, daß er in eine Sackgasse geriet, aus der trotz der Phantasie des russischen Balletts unmöglich herauszukommen war, und er weihte mehr als je seine Tätigkeit der Malerei.

Picassos kraftvolles Streben, sein und unser Empfindungsvermögen von jeder verbrauchten Etikette zu befreien, gab unserer Generation die Möglichkeit, eine reine, belebende Luft zu atmen, an die uns die Malerei nicht gewöhnt hatte. Dies war die Morgengabe des Kubismus. Während jener Bestrebungen lebte jedoch Picasso mit den Lebenden. Das heißt – was ja auch seine Vorteile hat – er wurde beständig von allen Beunruhigungen des Lebens bestürmt. Es ist deshalb unmöglich, heute schon die Bedeutung seines Werkes endgültig festzulegen. Eines Tages werden wir diesem Buche ein neues Kapitel hinzufügen müssen, das zweifellos das längste sein wird. Es wird den dritten Teil von Picassos Leben zum Gegenstande haben, denjenigen, welchen er nach dem Worte des Philosophen „mit sich selbst" leben wird. Erinnern wir uns, daß Renoir sagte, er habe erst in den letzten zehn Jahren seines langen Daseins recht gewußt, was Malerei sei. Es wird besonders ergreifend sein, Picassos Werk nach weiteren dreißig Jahren zu sehen. Ich wette, daß wir noch wundervolle Dinge kennenlernen werden, und daß eine uneigennützige, zu ihrer letzten Reinheit gelangte Kunst uns zeigen wird, welch hohes Leuchten von einer strengen Überzeugung ausgehen kann.

Bis dahin können wir also gelassen bei der Periode der Unruhe und der Schwankungen verweilen, welche Picasso durchgemacht hat und noch durchmacht, während er sich für jene neue Epoche vorbereitet. Die Gewalt der Trägheit, der Unwissenheit und der Gewohnheit sind ohne Zweifel Teilursachen dieser Unruhe und dieser Schwankungen gewesen. Wenn man sie ständig bekämpft, wird man müde. Vielleicht hatte Spartakus Glück, daß er in der Schlacht den Tod fand; sonst wäre er dank seiner hervorragenden Eigenschaften ein hoher römischer Würdenträger geworden. Nichtsdestoweniger gehört alle menschliche Sympathie eher dem Spartakus als dem Pompejus. Diesem eignete vielleicht das Talent als Erbteil, jenem das heldenhafte Genie als persönliche Tugend.

Mag nun Ruhebedürfnis oder Entmutigung angesichts der menschlichen Trägheit die Ursache sein, in den allerletzten Werken Picassos hat man zwar kein Aufgeben seiner alten Versuche, aber ein Streben festgestellt, manchmal zu der Tradition der Museen zurückzukehren. Der Ruhm ist gefährlich, sobald man ihn nicht mehr kommandiert. Die geniale Leistung hat ihn dem Publikum abgerungen. Dieses rächt sich, indem es sich ihn aneignet, und es beglückwünscht sich dazu, daß es ihn mit der gebührenden Einschränkung zuerkannt hat. Ach! man soll niemals etwas vor den Kindern sagen! In einer Zeitschrift mit Hunderttausender-Auflage waren Zeichnungen Picassos im klassischen Stil neben kubistischen Werken reproduziert. Dazu hatte in einem Artikel ein Berichterstatter, der die Kunden des periodischen Blattes nicht abstoßen wollte, folgende Versicherung gegeben: jene zerschnittenen und zerhackten Versuche, die kubistischen Zeichnungen, seien überhaupt nur gemacht worden, damit Picasso dann jene schönen Zeichnungen voller Reinheit hervorbringen könne, welche an die Manier Ingres erinnerten. Dieser sehr bezeichnende Irrtum würde eine nicht minder irrige Idee bestärken, die noch in gewissen Köpfen spukt, und welche glauben machen will, das kubistische Werk sei eine Folge der Neigung der Nachimpressionisten zur Deformation. Die natürliche oder gewollte Unwissenheit, die allein für diese wahrhaft außerordentliche Verwirrung verantwortlich ist, hat sicher nachteilige Folgen, denn angesehene Schriftsteller haben sich ihrer bemächtigt, um sie in Ketzereien zu kommentieren, welche wohl geeignet sind, den Lesern zu gefallen, die ihnen ihren Geschmack aufgezwungen haben. Zum Beleg empfehle ich die Lektüre gewisser Artikel von M. H. Bidou, die in einem so wichtigen Organ, wie es der „Temps" ist, erschienen. Sie geben Kommentare, die auf den entmutigendsten Irrtümern beruhen. Der Kubismus wird darin dem Impressionismus angeglichen, und es ist bei Gelegenheit dieser Bestrebungen von nichts die Rede als von „Suggestion" und „Analogie", d. h. von lauter Ideen, die dem Geiste des Kubismus und dem der Picassoschen Kunst von Grund aus entgegengesetzt sind.

Wie dem auch sei, dieser Einkauf eines ganz oder fast ganz fertigen klassischen Kostüms, welchen Picasso machte, sei es, indem er sich mit dem Theater beschäftigte, sei es gar, indem er schrecklich ähnliche Porträts malte, schien zu verstehen zu geben, daß er die Kunst nicht mehr als bar eines „Zweckes" ansähe. Es spielte sich in Picassos

Seele ein Drama ab, das denjenigen ähnelte, die sich auf allen seinen Bildern zutragen. Ein derartiger Vorgang konnte sich nicht ohne die grausamsten Anzeichen vollziehen. Da Picasso in verehrungsvoller Liebe zu den feststehenden Regeln aufgezogen war, so war es durchaus menschlich, daß der Zweifel an dem Werte der Regeln, der ihn überkommen hatte, in gewisse Befürchtungen endete und ihm den Wert der Entdeckungen, die ihm im Gebiete seines Empfindungsvermögens gelungen waren, verdächtig machte. Man denkt hier an die Fahrten der großen Entdecker, die solche Schwächeanfälle kannten, wenn sie das Ziel ihrer Abenteuer sich jedesmal entfernen sahen, sobald sie es zu erreichen glaubten.

Wenn man das Mysterium der vielfältigen und nicht zu fassenden Seele Picassos zu ergründen sucht, so hat man den Eindruck, als spiele man mit dem Feuer. In der Tat scheint Picasso eine ausgesprochene Vorliebe für das Spiel mit diesem furchtbaren Element zu haben. Seine Gewandtheit befähigt ihn sicherlich dazu, obwohl eine solche Versicherung ihn weder vor einem leichten Unfall noch auch vor einer Katastrophe schützt. So war er genötigt, mit einem neuen Partner zu rechnen, der mehr oder minder geneigt war, treu auf seine Absichten einzugehen: das Glück. Wie gewandt auch der Flieger sein mag, er trägt einen Fetisch bei sich, und manchmal glaubt er sogar an ihn. So mußte auch Picasso bei seinen wiederholten Reisen durch die ihm eigene Welt auf eine Hilfe zählen, die ihm nun notwendig war. Wir meinen jenes Glück, welches durch einen Ruhm personifiziert wurde, der zwar nicht so rein war wie der erste, dafür aber ausgebreiteter. So entschloß sich Picasso dazu, sich nicht mehr auf sein Empfindungsvermögen allein zu stützen, und seitdem verstand er sich zum Vergleich mit verschiedenen Einflüssen, die dazu führten, das Bild seiner Persönlichkeit ein wenig zu verschleiern.

Durch das Theater betrat Picasso eine Bühne, auf der schon andere Komödien gespielt worden waren. Das etwas prätenziöse Varieté des russischen Balletts führte „Parade" auf, ein Unterhaltungsstück voll Charme. Eine Eigenschaft, die Picasso bisher mit Recht nicht hoch angeschlagen hatte. Die Musik von Erik Satie hatte aus diesem kultivierten Kasperltheater einen hübschen Strauß von paradoxen Funken gemacht. Der reine Kubismus von Picassos erhabenen Stilleben wurde hier zum erstenmal von jener Dekorationskunst angegriffen, welche der Künstler stets sorgfältig vermieden hatte. Charme und guter Geschmack waren ihm als Eigenschaften zweiten Ranges erschienen, die nur der Kunst eigneten, die auf Nutzen und Geschäft ausgeht. Doch hätte man in diesem unterhaltenden Schauspiel nur eine alles in allem ganz berechtigte Laune oder eine hübsche Phantasie sehen können. Es folgten jedoch später andere Schauspiele, die zur dekorativsten Tradition zurückkehrten und sich von der Einbildungskraft durchaus frei zeigten, die wir so oft bei Picasso genossen hatten. Es waren der „Dreispitz" und „Pulcinelle", welche 1919 und 1920 an der Oper gespielt wurden. Es handelte sich, hauptsächlich bei dem „Dreispitz", um Dekorationen, die in klassischer Manier behandelt waren, und um den Zierat von Kostümen, welche jene Dekorationen durch Elemente angenehmer Harmonie vervollständigen sollten. Eine etwas langdauernde Augenergötzung, deren, wenn auch mannigfaltige, technische Mittel sich zu oft wiederholten. Abwesenheit rein künstlerischer Gemütserregung. Man soll allerdings von einem Ballett nicht mehr verlangen, als es geben kann. Ein Ballett ist eine Art Konsortium aller Künste. Sie nähren sich gegenseitig, sie schaden und sie nutzen sich abwechselnd. Das Szenarium, die

Musik, die Dekorationen, die Kostüme, die Wissenschaft der Tänzer stoßen sich da herum, es sind ein bißchen die vielfältigen Schaustellungen Barnums (diese Seite sollte dabei übrigens stärker als bisher kultiviert werden), es ist vor allem ein Ball mit der ganzen Frische und dem Unvorhergesehenen der Volksbälle. Jede Kunst, welche in diese Vereinigung eintritt, wird in ihrer Reinheit bloßgestellt. Die Zweideutigkeit ist sofort von der unvermeidlichsten Langweile gefolgt. Endgültig: es handelt sich um ein Schauspiel, das veranstaltet ist, um tausend Zuschauern auf einmal zu gefallen. Die Zurückhaltung der Staffelei-Malerei wie die der Kammermusik sind hier hintangesetzt, jedoch nicht genügend, um uns die wahre Gemütserregung zu verschaffen, welche die Einfachheit gibt.

Das Wichtige an diesem Vorgang ist vor allem, zu wissen, ob er nicht seinen Einfluß auf das ganze Werk Picassos fühlbar machte. Im letzten Jahre stellte die Galerie Rosenberg eine Folge von Zeichnungen und Aquarellen Picassos aus, in denen man eine Rückkehr des Künstlers zu dem Einfluß der italienischen Malerei beobachtete, der ihm in seiner Jugend den Stempel aufgedrückt hatte. Ein gewisser, etwas sinnlicher Idealismus, der wohl seinem Temperament entsprach, ließ ihn sich – auf dem Weg über den Einfluß der Gravüren und Guaschen aus der Zeit der Restauration und Louis Philippe – den Künstlern der Renaissance nähern. Wir müssen das leider feststellen, denn ach! die Nachahmung ruft notwendiger- und berechtigerweise den Vergleich hervor. In dem Nebeneinander von nicht sehr zahlreichen kubistischen Werken und von solchen nach alter Manier bewies diese Ausstellung, daß Picasso eine Art mondänen Glaubens zu zeigen wünschte, weil er den blinden Köhlerglauben verloren hat. Picassos Empfindungsvermögen schien verwandelt, es schien eklektischer, vernünftelnder, mit einem Wort, es „wählte" und fand endlich in der Gegenständlichkeit unvermutete Elemente, denen es eine Seite abgewann, die sicherlich mit reiner Liebe nichts zu tun hatte. Dies trug dazu bei, daß sich in ihm eine neue Weise, eine Wahrheit zu begreifen, begründete. Seine Vernunft bot ihm gewiß alle Arten von Entschuldigungen dar, die nicht wertlos waren. Da seine Vernunft aus seiner Erziehung stammte, bekannte er zunächst gerne, daß er oft unvermögend sei, den Ansturm eines stets wachen, sich stets neu belebenden Empfindungsvermögens zu meistern. Dem Lichte, dem Scharfblick der Intelligenz enthüllten die Dogmen ihre schwachen Stellen. Warum soll man den Werken der Kunst der Vernunft zu Ehren einen Sinn geben, da doch die Worte, obwohl sie so wunderbare Dinge sind, keinen zu liefern vermögen? Hat nicht vielleicht die Kunst aus diesem Grunde keine Zwecke? Die Vernunft ist leider gezwungen, sich im Spiegel des Nächsten zu betrachten, denn sie besitzt keinen eigenen und erkennt sich nur durch die Gesamtheit der menschlichen Kundgebungen. Die Vernunft bewegt sich auf ihrer klassischen Stufe in einem Kreise, sie ist eine Art „looping the loop", dessen Bahn durch Gleise und durch den angehängten Wagen derart vorgezeichnet ist, daß keine Unfälle mehr zu befürchten sind. So wiederholt die Vernunft nur mit mehr oder weniger Genauigkeit und nicht ohne Fortschritt die bereits gesagten Dinge. Sie sieht sich ewig verdammt, nie zu empfinden, was sie tut, obwohl sie es nichtsdestoweniger mit der mühseligsten Anstrengung tut.

Das freie Empfindungsvermögen Picassos verbarg ihm nicht die Schwierigkeiten und den Verdruß, denen es sich ausgesetzt fühlte. Seine Zweifel bezüglich der einfachen und wahren Vernunft waren keine Gewißheiten, sondern Zweifel. Seine Sicherheit geriet mehr und mehr ins Schwanken. Sein Empfindungsvermögen zweifelte endlich, wie ich gesagt habe, an seiner eigenen Kraft und besonders dann, wenn es diejenigen Dogmen der künstlerischen Vernunft beneidete, welche dem gewöhnlichen Verkehr der Menschen näherstehen. Das Empfindungsvermögen Picassos wurde also vernünftelnder, oder vielmehr, sein Selbsterhaltungstrieb ließ ihn bemerken, daß es ihn manchmal über gefährliche Steilhänge führte, wo es ihm schwer wurde, Herr seiner eigenen Richtung zu bleiben. Noch mehr. Das Empfindungsvermögen erlebte Schrecknisse, weil es sich zuweilen in eine Art Sackgasse getrieben fühlte, hinter der es wohl irgend etwas gab, ohne daß es ihm aber jemals gelang, dieses Etwas zu entdecken. Es sah ferner den Zufall und seine Verkettungen vor sich aufsteigen, welche einen Tag gefallen, um am nächsten endgültig zu mißfallen. Zuletzt und entscheidend entsetzte ihn dieses Empfindungsvermögen, da es ihn glauben ließ, er werde vielleicht immer wissen, was er machen wolle, er werde es aber aller Wahrscheinlichkeit nach niemals machen.

So ließ ihn die schärfste Ungewißheit schwanken. Da der Glaube jedoch ein unersetzliches Gut ist, ließ sich Picasso niemals lange zu dem Versuche verleiten, Unversöhnliches miteinander zu versöhnen. Er erinnerte sich rasch, daß, wenn es keine Krankheiten gibt, sondern Kranke, keine Kunst, sondern Künstler, man nachahme, wenn man nicht mehr schaffe. Und anstatt sich durch jene beiden Elemente seiner Persönlichkeit auf Abwegen herumführen zu lassen, zog er es vor, ihnen abwechselnd Konzessionen zu machen, welche im Gegensatz zu dem, was den Künstlern in älteren Zeiten begegnete, glücklicherweise niemals für ihn verloren waren.

Obwohl Picasso ein wenig skeptisch ist, konnten der Sensualismus, der an nichts glaubt als an seine Sinneswahrnehmungen, und die Vernunft, die nur auf ihre Überlegungen hört, das Bedürfnis nach einer reinen Leidenschaft und nach einer tiefen Liebe nicht in ihm ersticken. Der alte Idealismus seiner Natur war in seinem Herzen aus einem wirklichen Bedürfnis nach Illusionen geboren, das in jedem seiner Werke durchbrach. Und nun trat an die Stelle des Glaubens an jene persönliche Wahrheit, die ihn zu fliehen schien, die Neigung, eine Art Probabilismus zuzulassen, der sich von Tag zu Tag stärker in ihm entwickelte. Die Zivilisation verbietet uns mehr und mehr den Köhlerglauben. Andrerseits kann nicht jedermann Pascal sein. Deswegen hat der Glaube heute die Form des Glaubensbekenntnisses angenommen. Es scheint, daß Picasso in seinen letzten Werken folgende beiden Gruppen in ein einziges solches Glaubensbekenntnis vereinigen wollte: alle Grundregeln der Kunst, die das Sieb seiner Intelligenz passiert haben und ihm als wahrscheinlich gültig erscheinen, und ebenso alle Grundregeln seines Empfindungsvermögens, denen er ein „mögliches" Vertrauen schenken zu können glaubt. Es ist jedoch offenkundig, daß dieses Glaubensbekenntnis in Picasso nicht mehr dieselbe Sicherheit hat, mit welcher er die ersten Funde seiner Einbildungskraft entschlossen aus sich herausgestellt hatte. Irgendwelche Sterne in seinen Augen sind erloschen. Wenn Picasso verdammt ist, die erhabene Befriedigung des blinden Glaubens nicht mehr zu fühlen, so wird er doch dank seines Bekenntnisses zum Glauben an jene wahrscheinlichen Dinge das persönliche Werk, das er in ernstem Ringen aufgerichtet hat, nicht zerstören. Sein gegenwärtiges Empfindungsvermögen wird in seinem Bewußtsein stets mit der Erinnerung daran verknüpft sein, was es einmal war. Er wird in seinem Herzen die Erinnerung an den Glauben bewahren, den er erlebt hat.'

Nichtsdestoweniger besteht im Werke Picassos ein gewisses Schwanken, welches ihn heute eine Möglichkeit ins Auge fassen läßt, die derjenigen entgegengesetzt ist, an welche er gestern glaubte. Diese gesteigerte Unsicherheit bildet jedoch heute den mächtigsten Ansporn für die tägliche Erneuerung seines Werkes. Zwischen einer Rückkehr zur Tradition und der anderen ergeht sich Picasso noch in Versuchen, aus denen viel Frische, aber auch viel guter Geschmack spricht. Es ist ganz offenbar, daß Picasso in seinem gegenwärtigen Schaffen die Glut seines spanischen Temperaments mit französischer Umsicht vereint. Nicht ohne Grund hat man von ihm gesagt, er sei stark „französisches achtzehntes Jahrhundert". Ohne daß man den Vergleich bis ins einzelne führt, ist ersichtlich, daß Picasso vom achtzehnten Jahrhundert den wißbegierigen und erfindungsreichen Geist hat, und daß die Malerei durch seine lichtvollen Hypothesen verjüngt wurde. Er hat ferner vom achtzehnten Jahrhundert den Geist der Enzyklopädisten und die Liebe zum Paradoxen, wobei wir dem Wort paradox die Qualität jener Wahrheiten beilegen, die niemand zu sagen wagt.

Diese Auffassung spielte eine Rolle bei der Entscheidung jener Kritiker und selbst jener Maler, die Picassos Werk als Übergangskunst bezeichnen wollen. Es ist mir unmöglich, diesem Urteil beizupflichten. Die dem Werke Picassos am günstigsten gesinnten Künstler und Kritiker gestehen ihm, streng genommen, nur einen gewissen Wert zu. Da sie aber keinen vollkommenen Einklang damit finden konnten, sprechen sie ihm den endgültigen Wert eines vollendeten Werkes ab. Picassos Persönlichkeit überragt sie so sehr, daß sie von einem Werke „Verwirklichungen" verlangen, das die „Wirklichkeit" selbst ist. Von hier bis zur Definition unter der Etikette „Übergangskunst" ist nur ein Schritt. Damit jedoch die Behauptung, die nach der Methode und dem Vergleich der Akademie schmeckt, einer nackten Überlegung stand hält, müßten beide Endpunkte des angenommenen Überganges bekannt sein. Übergang wovon zu was? Wir ahnen den Ausgangspunkt, aber da der Zielpunkt vollkommen unbekannt bleibt, so ist das Ganze wertlos. Nach meiner Überzeugung profanieren wir das reine und vollkommene Bestreben Picassos nicht, wenn wir seinem Werke die Reife zuschreiben, zu der es diejenigen Künstler geführt zu haben glauben, welche seine so persönlichen Funde den Bedürfnissen der akademischen oder der nachimpressionistischen Kunst angepaßt haben. Das eine hat mit dem anderen nichts zu tun. Es ist kindisch, den Kubismus mit dem Louvre verbinden zu wollen, und man übersetzt den Louvre nicht in Kuben, wie einige zu tun versucht haben. Picasso stellt Hypothesen auf, welche über die Grenzen der Museumskunst hinausgehen. Er gibt sich nicht immer die Mühe, ihre Möglichkeiten auszuproben, er überläßt die eigentliche Arbeit denen, die daran Geschmack finden. Es bleibt jedoch aufrecht, daß er diese Hypothesen aufgestellt und daß er ihnen vermöge seiner Klugheit die ihnen notwendige Wahrscheinlichkeit gegeben hat. Soviel ist sicher, daß bei den großen Künstlern die Wahrscheinlichkeit die Stelle der Wahrheit einnimmt. Es ist daher nicht verwunderlich, daß bereits die Generation heraufsteigt, die derjenigen folgt, welche mit den großen Gläubigen Picasso, Braque, Léger und Juan Gris das uns bekannte Werk vollbracht hat. Wir wissen, was die Nachfolger des Impressionismus aus ihm gemacht haben, zweifellos ist bereits dieselbe Tendenz spürbar, die verstandesmäßige Anwendung des inspirierten Picasso'schen Werkes beginnt erkennbar zu werden. Dennoch bleibt bestehen, daß das von Picasso ein für allemal geschaffene Werk weder vermehrt noch vermindert werden wird.

Ich halte dafür, daß das Empfindungsvermögen Picassos unerschöpflich ist. Wenn zu seiner Zeit jener Glaube wieder Gewalt über ihn gewinnt, der im Grunde seines Herzens nicht ganz erloschen sein kann, so erinnern wir uns an den heiligen Petrus: „Er wird noch Staunen erregen unter denen, die schon geglaubt hatten, ihm das Maß nehmen zu können." Man erinnere sich an den Gedanken Bacons: „Die Wahrheit entsteht eher aus dem Irrtum als aus der Verwirrung." Die Nachfolger der Impressionisten werden in der Geschichte der Kunst die Verantwortung dafür tragen, daß sie nicht auf diese Warnung hörten. Pythagoras behauptet: wenn man sich in einem Walde verirrt habe, sei es besser, geradeaus vor sich hinzumarschieren, als nach rechts und links tastend einen unsicheren Ausgang zu suchen. Es ist möglich, daß Picasso mit der Zeit aus der menschlichen Ungewißheit, der er verfallen ist, eine Art Verhaltungsmaßregel machen wird, wie dies der Philosoph riet. Ich möchte in den ernsten Stunden mit ihm zusammenkommen, da er, nicht mehr sich selbst ausgeliefert, sondern Herr seiner selbst, in den Schwingungen seines Bekenntnisses zu der Wahrscheinlichkeit seiner Überzeugungen sicher Akkorde finden wird, Akkorde, ausströmend in Werke, die wohl, weil durch Reue erhöht, seine reinsten sein werden.

# Radierungen

A. Akrobaten / Acrobates. ⟨1905⟩
B. Die Familie des Harlekin / La famille de l'arlequin. ⟨1905⟩
C. Salome / Salomé. ⟨1905⟩
D. Die Armen / Les pauvres. ⟨1905⟩
E. Akt / Nu. ⟨1910⟩ Aus „St. Mathorel"
F. Akt / Nu. ⟨1910⟩ Aus St. Mathorel"
G. Das Kloster / Le couvent. ⟨1910⟩ Aus St. „Mathorel"

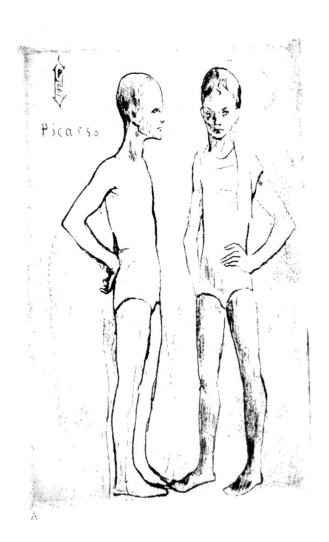

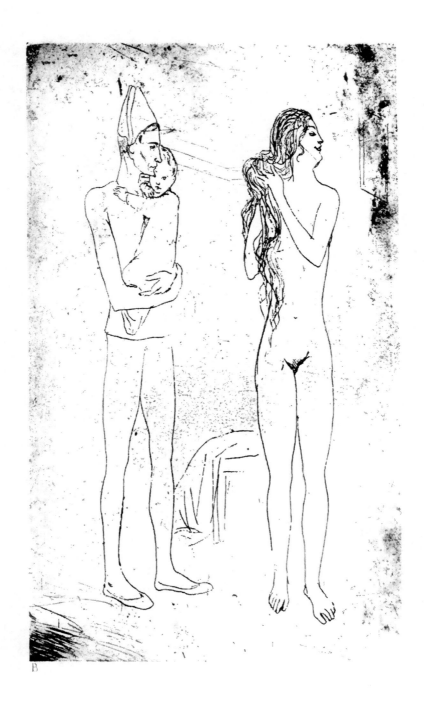

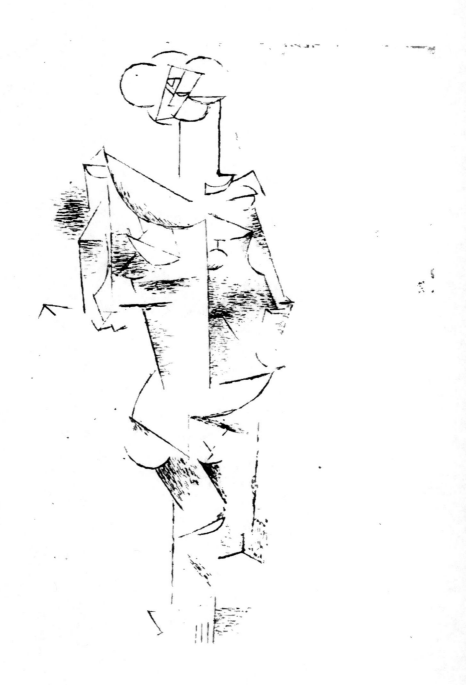

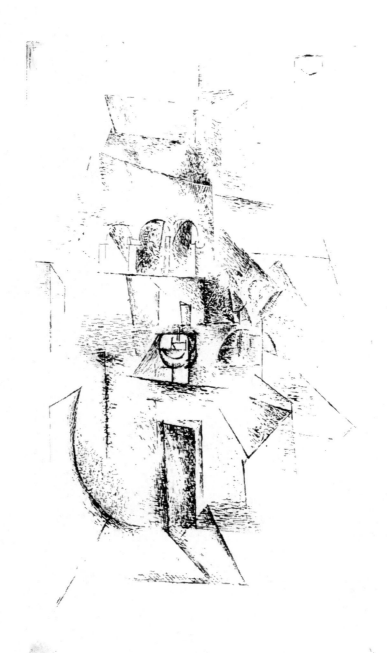

# Handzeichnungen

*Die Beschriftung zu jeder Handzeichnung befindet sich dieser gegenüber auf der entsprechenden linken Buchseite*

1 *Frauenkopf* Tête de femme. 1900 (Bleistiftzeichnung)

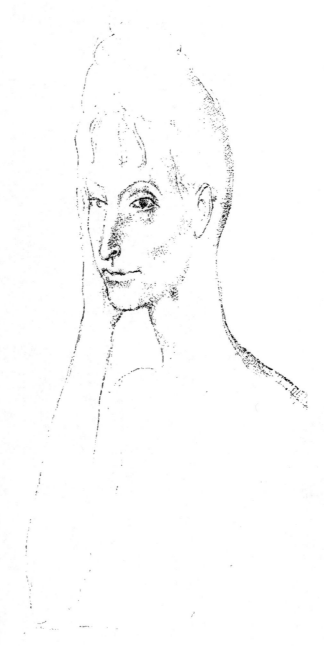

11 *Umarmung* *L'etreinte*. 1903 (Pastell)

III *Selbstporträt* / *Portrait de l'artiste*. 1904 (Federzeichnung)

à Max Jacob
Picasso

IV *Octavio Canals*. 1904 (Federzeichnung)

*Octavio Canals peint Picasso*

*Paris Diciembre/704*

V *Der Hinkende* *Le boiteux*. 1904 (Federzeichnung)

VI *Akte Nus.* 1905 (Bleistiftzeichnung)

VII *Salome.* 1905 (Federzeichnung)

VIII *Die fahrenden Gaukler / Les saltimbanques.* 1905 (Federzeichnung)

IX *Liebespaar* — *Les amoureux*. 1905 ⟨Federzeichnung⟩

X *Guillaume Apollinaire*, 1905 (Federzeichnung)

XI *Frauenkopf*   *Tête de femme.* 1906 (Kohlezeichnung)

XII *Bildnis / Portrait.* 1906 (Bleistiftzeichnung)

XIII *Zwei Frauen* *Deux femmes*. 1906 (Bleistiftzeichnung)

XIV *Bildnis / Portrait.* 1906 (Bleistiftzeichnung)

XV Akt Nu. 1907 (Tuschzeichnung)

XVI Akt / Nu. 1910 (Federzeichnung)

XVII *Der Tisch* *La table.* 1910 (Kohlezeichnung)

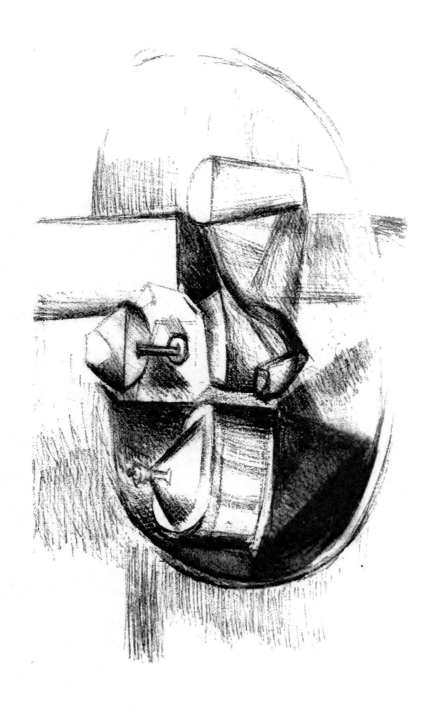

XVIII *Musikinstrumente / Instruments de musique.* 1912 (Aquarellierte Zeichnung)

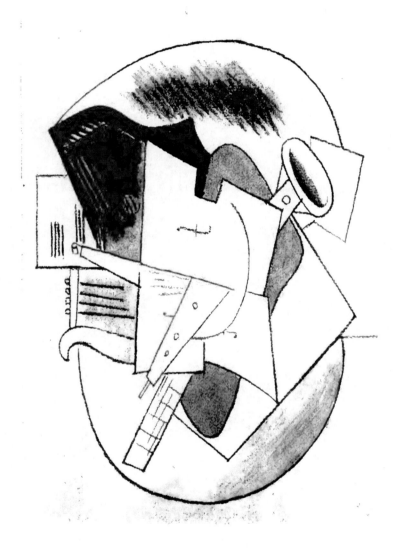

XIX Stilleben – Nature morte. 1913 (Zeichnung mit aufgeklebtem Papier)

XX Akt Nu. 1913 (Zeichnung mit aufgeklebtem Papier)

XXI *Kopf* Tête 1913 (Zeichnung mit aufgeklebtem Papier)

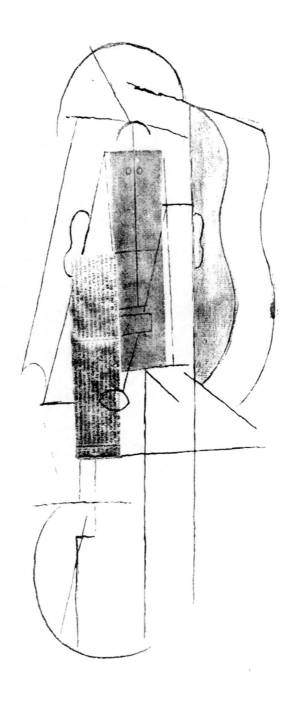

XXII *Stilleben / Nature morte.* 1913 ⟨Zeichnung mit aufgeklebtem Papier⟩

XXIII Das Tabakpaket  Le paquet de tabac. 1914 (Zeichnung mit aufgeklebtem Papier)

XXIV Akt Nu. 1914 (Zeichnung mit aufgeklebtem Papier)

XXV *Kopf*. *Tête*. 1914 (Zeichnung mit aufgeklebtem Papier)

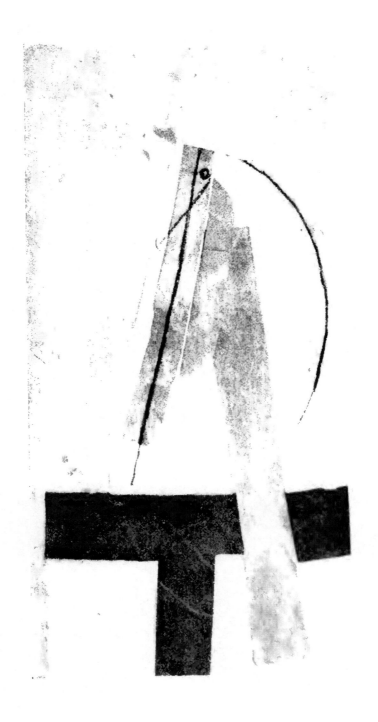

XXVI *Kapellmeister Ansermet* Chef d'orchestre Ansermet. 1917 (Bleistiftzeichnung)

XXVII *Bildnisse / Portraits.* 1918 (Bleistiftzeichnung)

XXVIII *Harlekin* Arlequin. 1919 (Bleistiftzeichnung)

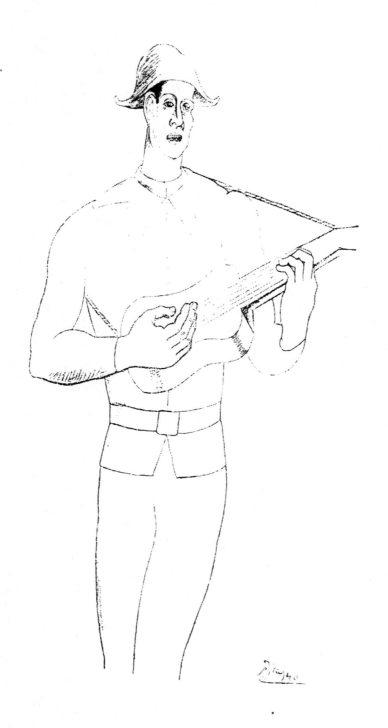

XXIX Schnitter Meissoneers. 1919 (Bleistiftzeichnung)

XXX Schnitter "Mossoneurs". 1919 (Bleistiftzeichnung)

XXXI *Pierrot*  Pierrot. 1919 (Bleistiftzeichnung)

*Gemälde*

Maternité            Mutter und Kind
1901 (Gouache)

Le bock      1902 (Öl)      Mann mit Bierglas

*Femme au café*        *Frau im Kaffeehaus*
1902 (Öl)

(Moderne Galerie Thannhauser)

*Maternité* *Mutter und Kind*

1902 (Öl)

Die Flüchtlinge

1903 / Gouache

Le fugitifs

La famille Soler                        Famille Soler
                    1903 (Öl)

*La soupe* 1903 (Öl) *Die Suppe*

*Portrait de femme*        *Frauenporträt*
1903 (Öl)

*Femme assise*        Sitzende Frau

1903 / Öl

*L'aveugle*        *Der Blinde*

1903 (Gouache)

*Femme accroupie*                          *Kauernde*

1903 (Öl)

*Tête* *Kopf*
1904 (Gouache)

Les Baladins                                                                 Die Gaukler
                              1904 (Öl)

*Portrait* *Porträt*

1904 (Öl)

La mort d'Arlequin 1904 (Gouache) Harlekins Tod

L'éventail  Der Fächer
1904 (Öl)

*L'acteur*            *Schauspieler*

1904 (Öl)

*La famille au singe*        *Die Familie mit dem Affen*

1905 (Gouache)

*Le panier fleuri*      *Der Blumenkorb*
1905 (Öl)

*Arlequin*        *Harlekin*
1905 (Öl)

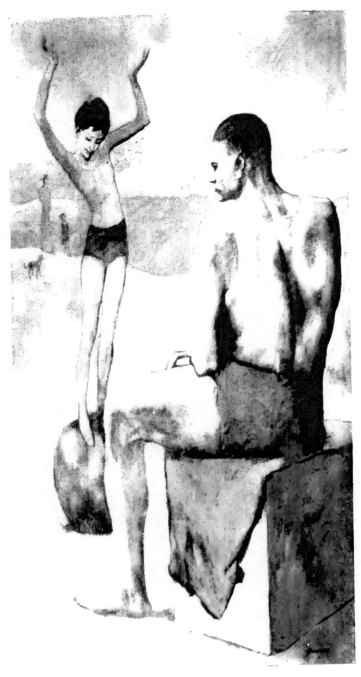

*La boule*        *Auf der Kugel*
1905 (Öl)

*Les deux frères*  *Die zwei Brüder*
1905 (Gouache)

Tête de femme  Frauenkopf
1905 (Öl)

*Souvenir de Hollande*     *Erinnerung an Holland*
1905 (Öl)

Nu  Abt

1906 (Gouache)

*Portrait de femme*          *Frauenporträt*
1906 (Gouache)

Tête                           Kopf
1907 (Öl)

*Fleurs*            *Blumen*

1907 (Öl)

*Bols et flacons*             *Töpfe und Flaschen*
1908 (Öl)

*Les poissons*            *Fische*
1909 (Öl)

Tête de femme     Weiblicher Kopf
1909 (Öl)

*L'arlequin* *Harlekin*
1909 (Öl)

La Fresnaye — Der Kuchen — 1909 (Öl)

Paysage 1909 (Öl) Landschaft

Maisons à Horta 1909 (Öl) Häuser in Horta

Lusine, Horta de Ebro — Die Fabrik, Horta de Ebro
1909 (Öl)

*Portrait de M. Henry Kahnweiler*      *Porträt Henry Kahnweiler*
1910 / Öl

*Torse* *Halbakt*
1910 (Öl)

*La bouteille de rhum* 1911 (Öl) *Die Rumflasche*

L'homme à la clarinette  Mann mit Klarinette
1912 (Öl)

*Buffalo Bill*
1912 (Öl)

L'homme à la mandoline  Mann mit Mandoline
1912 (Öl)

Tête de mort et guitare  Totenkopf und Guitarre

1914 (Öl)

44

*Guitare* *Guitarre*

1914 (Öl)

(Galerie Léonce Rosenberg)

L'homme aux cartes             Kartenspielender Mann

1914 (Öl)

*Femme en chemise*                                                                  *Frau im Hemd*

1914 (Öl)

Le compotier 〈Galerie Léonce Rosenberg〉 1915 (Öl) Fruchtschüssel

(Galerie Leonce Rosenberg)

„Ma Jolie"  „Ma Jolie"

1915 (Öl)

L'anis del mono (Galerie Leonce Rosenberg) 1916 (?) Die Anisflasche

*Arlequin au violon* (Galerie Paul Rosenberg) *Harlekin mit Geige*
1918 (Öl)

(Galerie Léonce Rosenberg)
Arlequin jouant de la guitare     Guitarrespielender Harlekin
1918 (Öl)

Arlequin  Harlekin
1918 (Öl)

(Galerie Paul Rosenberg)

*Portrait* *Portrait*

1918 (Öl)

(Galerie Paul Rosenberg)
*La femme de l'artiste*   *Die Frau des Künstlers*
1919 (Öl)

(Galerie Paul Rosenberg)

*La table devant la fenêtre*          *Der Tisch vor dem Fenster*

1919 (Öl)

*Paysage* (Galerie Paul Rosenberg) 1919 (Öl) *Landschaft*

*Nous autres musiciens*        *Wir Musikanten*
1921 (Öl)

Les musiciens　　1921 (Öl)　　Die Musiker

Les baigneurs 1922 (Öl) Badende

*Badende Frauen* 1922 (Öl)

*Plastiken und Figurinen*

Tête  Kopf

1905 (Kupfer)

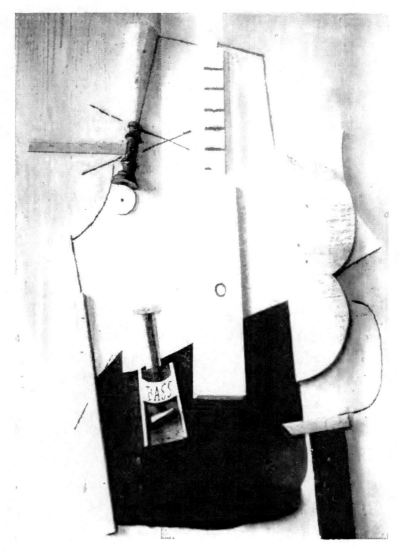

*Nature morte*               *Stilleben*

1913 (Holz)

*Le verre d'absinthe     Absinthglas*
1914 (Bemalte Bronze)

*Premier manager* *Erster Manager*
1920 (Kostüm aus „Parade" des Russischen Balletts)

*Deuxième manager*  *Zweiter Manager*
1920 (Kostüm aus „Parade" des Russischen Balletts)

# Verzeichnis der Abbildungen

Titelbild: Picasso. Plastik von Pablo Gargallo.

## Radierungen

A. Akrobaten / Acrobates. ⟨1905⟩ Radierung
B. Die Familie des Harlekin / La famille de l'arlequin. ⟨1905⟩ Radierung
C. Salome / Salomé. ⟨1905⟩ Radierung
D. Die Armen / Les pauvres. ⟨1905⟩ Radierung
E. Akt / Nu. ⟨1910⟩ Radierung. Aus „St. Mathorel"
F. Akt / Nu. ⟨1910⟩ Radierung. Aus „St. Mathorel"
G. Das Kloster / Le couvent. ⟨1910⟩ Radierung. Aus „St. Mathorel"

## Handzeichnungen

I. Frauenkopf / Tête de femme. ⟨1901⟩ Bleistiftzeichnung
II. Umarmung / L'étreinte. ⟨1903⟩ Pastell
III. Selbstporträt / Portrait de l'artiste. ⟨1904⟩ Federzeichnung
IV. Octavio Canals. ⟨1904⟩ Federzeichnung
V. Der Hinkende / Le briteux. ⟨1904⟩ Federzeichnung
VI. Akte / Nus. ⟨1905⟩ Bleistiftzeichnung
VII. Salome / Salomé. ⟨1905⟩ Federzeichnung
VIII. Die fahrenden Gaukler / Les saltimbanques. ⟨1905⟩ Federzeichnung
IX. Liebespaar / Les amoureux. ⟨1905⟩ Federzeichnung
X. Guillaume Apollinaire. ⟨1905⟩ Federzeichnung
XI. Frauenkopf / Tête de femme. ⟨1906⟩ Kohlezeichnung
XII. Bildnis / Portrait. ⟨1906⟩ Bleistiftzeichnung
XIII. Zwei Frauen / Deux femmes. ⟨1906⟩ Bleistiftzeichnung
XIV. Bildnis / Portrait. ⟨1906⟩ Bleistiftzeichnung
XV. Akt / Nu. ⟨1907⟩ Tuschzeichnung

XVI. Akt / Nu. ⟨1910⟩ Federzeichnung
XVII. Der Tisch / La table. ⟨1910⟩ Kohlezeichnung
XVIII. Musikinstrumente / Instruments de musique. ⟨1912⟩ Aquarellierte Zeichnung
XIX. Stilleben / Nature morte. ⟨1913⟩ Zeichnung mit aufgeklebtem Papier
XX. Akt / Nu. ⟨1913⟩ Zeichnung mit aufgeklebtem Papier
XXI. Kopf / Tête. ⟨1913⟩ Federzeichnung mit aufgeklebtem Papier
XXII. Stilleben / Nature morte. ⟨1913⟩ Zeichnung mit aufgeklebtem Papier
XXIII. Das Tabakpaket / Le paquet de tabac. ⟨1914⟩ Zeichnung mit aufgeklebtem Papier
XXIV. Akt / Nu. ⟨1914⟩ Zeichnung mit aufgeklebtem Papier
XXV. Kopf / Tête. ⟨1914⟩ Zeichnung mit aufgeklebtem Papier
XXVI. Kapellmeister Ansermet / Chef d'orchestre Ansermet. ⟨1917⟩ Bleistiftzeichnung
XXVII. Bildnisse / Portraits. ⟨1918⟩ Bleistiftzeichnung
XXVIII. Harlekin / Arlequin. ⟨1919⟩ Bleistiftzeichnung
XXIX. Schnitter / Les moissoneurs. ⟨1919⟩ Bleistiftzeichnung
XXX. Schnitter / Les moissoneurs. ⟨1919⟩ Bleistiftzeichnung
XXXI. Pierrot. ⟨1919⟩ Bleistiftzeichnung

## *Gemälde*

1. Mutter und Kind / Maternité. ⟨1901⟩ Gouache
2. Mutterschaft / Maternité. ⟨1901⟩ Öl
3. Mann mit Bierglas / Le bock. ⟨1902⟩ Öl
4. Frau im Kaffeehaus / Femme en café. ⟨1902⟩ Öl
5. Mutter und Kind / Maternité. ⟨1902⟩ Öl
6. Die Flüchtlinge / Les fugitifs. ⟨1903⟩ Gouache
7. Familie Soler / La famille Soler. ⟨1903⟩ Öl
8. Die Suppe / La soupe. ⟨1903⟩ Öl
9. Frauenporträt / Portrait de femme. ⟨1903⟩ Öl
10. Sitzende Frau / Femme assise. ⟨1903⟩ Öl
11. Der Blinde / L'aveugle. ⟨1903⟩ Gouache
12. Kauernde / Femme accroupée. ⟨1903⟩ Öl
13. Kopf / Tête. ⟨1904⟩ Gouache

14. Die Gaukler / Les baladins. ⟨1904⟩ Öl
15. Porträt / Portrait. ⟨1904⟩ Öl
16. Harlekins Tod / Le mort d'arlequin. ⟨1904⟩ Gouache
17. Der Fächer / L'eventail. ⟨1904⟩ Öl
18. Schauspieler / L'acteur. ⟨1904⟩ Öl
19. Die Familie mit dem Affen / La famille au singe. ⟨1905⟩ Gouache
20. Der Blumenkorb / Le panier fleuri. ⟨1905⟩ Öl
21. Harlekin / Arlequin. ⟨1905⟩ Öl
22. Auf der Kugel / La boule. ⟨1905⟩ Öl
23. Die zwei Brüder / Les deux frères. ⟨1905⟩ Gouache
24. Frauenkopf / Tête de femme. ⟨1905⟩ Öl
25. Erinnerung an Holland / Souvenir de Hollande. ⟨1905⟩ Öl
26. Akt / Nu. ⟨1906⟩ Gouache
27. Frauenporträt / Portrait de femme. ⟨1906⟩ Gouache
28. Kopf / Tête. ⟨1907⟩ Öl
29. Blumen / Fleurs. ⟨1907⟩ Öl
30. Töpfe und Flaschen / Bols et flacons. ⟨1908⟩ Öl
31. Fische / Les poissons. ⟨1909⟩ Öl
32. Weiblicher Kopf / Tête de femme. ⟨1909⟩ Öl
33. Harlekin / L'arlequin. ⟨1909⟩ Öl
34. Der Kuchen / La brioche. ⟨1909⟩ Öl
35. Landschaft / Paysage. ⟨1909⟩ Öl
36. Häuser in Horta / Maisons à Horta. ⟨1909⟩ Öl
37. Die Fabrik. Horta de Ebro / L'usine. Horta de Ebro. ⟨1909⟩ Öl
38. Porträt Henry Kahnweiler / Portrait de M. Kahnweiler. ⟨1910⟩ Öl
39. Halbakt / Torse. ⟨1910⟩ Öl
40. Die Rumflasche / La bouteille de rhum. ⟨1911⟩ Öl
41. Mann mit Klarinette / L'homme à la clarinette. ⟨1912⟩ Öl
42. Buffalo Bill. ⟨1912⟩ Öl
43. Mann mit Mandoline / L'homme à la mandoline. ⟨1912⟩ Öl
44. Totenkopf und Guitarre / Tête de mort et guitare. ⟨1914⟩ Öl
45. Guitarre / Guitare. ⟨1914⟩ Öl
46. Kartenspielender Mann / L'homme aux cartes. ⟨1914⟩ Öl
47. Frau im Hemd / Femme en chemise. ⟨1914⟩ Öl
48. Fruchtschüssel / Le compotier. ⟨1915⟩ Öl
49. „Ma Jolie." ⟨1915⟩ Öl

50. Die Anisflasche / L'anis del mono. ⟨1916⟩ Öl
51. Harlekin mit Geige / Arlequin au violon. ⟨1918⟩ Öl
52. Guitarre spielender Harlekin / Arlequin jouant de la guitare. ⟨1918⟩ Öl
53. Harlekin / Arlequin. ⟨1918⟩ Öl
54. Porträt / Portrait. ⟨1918⟩ Öl
55. Die Frau des Künstlers / La femme de l'artiste. ⟨1919⟩ Öl
56. Der Tisch vor dem Fenster / La table devant la fenêtre. ⟨1919⟩ Öl
57. Landschaft / Paysage. ⟨1919⟩ Öl
58. Wir Musikanten / Nous autres musiciens. ⟨1921⟩ Öl
59. Die Musiker / Les musiciens. ⟨1921⟩ Öl
60. Badende / Les baigneurs. ⟨1922⟩ Öl
61. Badende Frauen / Les baigneuses. ⟨1922⟩ Öl

## *Plastiken und Figurinen*

62. Kopf / Tête. ⟨1905⟩ Kupfer
63. Stilleben / Nature morte. ⟨1913⟩ Holz
64. Absinthglas / Le verre d'absinthe. ⟨1914⟩ Bemalte Bronze
65. Erster Manager / Premier manager. ⟨1920⟩ Kostüm aus „Parade" des Russischen Balletts
66. Zweiter Manager / Deuxième manager. ⟨1920⟩ Kostüm aus „Parade" des Russischen Balletts

Die Originale zu den Radierungen A, B, C, D, zu den Handzeichnungen I, V—IX, XI—XIV und auf Seite 6 des Abbildungsverzeichnisses besitzt Frau Paul Huldschinsky in Dorf Kreuth; zu der Handzeichnung III die Galerie Caspari in München; zu der Handzeichnung IV Herr Rolf von Hoerschelmann in München; zu der Handzeichnung XVIII und den Gemälden 46, 48, 49, 50 und 52 die Galerie Leonce Rosenberg in Paris; zu den Handzeichnungen XXVII—XXXI (aus der Zeitschrift „L'esprit nouveau") und zu den Gemälden 51, 54—57 die Galerie Paul Rosenberg in Paris; zu dem Gemälde 5 die Moderne Galerie Thannhauser in München; zu den Radierungen E, F, G und zu den Handzeichnungen XVI und XVII Herr Dr. M. Kramar in Prag. Die Photographien zu den Handzeichnungen II, XV, XIX—XXV und zu den Gemälden 2—4, 6—22, 24—45, 47, 58—60 stellte die Galerie Simon in Paris freundlichst zur Verfügung.

# *Verzeichnis von Werken Picassos,*
*die in anderen Büchern des Delphin-Verlags abgebildet sind:*

In Fritz Burger: „Cézanne und Hodler. Einführung in die Probleme der Malerei der Gegenwart". 2 Bände. Mit 195 Abbildungen. 4. Auflage. ⟨1920⟩
    Mandolinenspielerin / La mandoliniste. ⟨1910⟩ Öl
    Studentin / L'étudiante. ⟨1910⟩ Öl

In Max Raphael: „Von Monet zu Picasso, Grundzüge einer Ästhetik und Entwicklung der modernen Malerei". Mit 32 Abbildungen. 3. Auflage. ⟨1920⟩
    Jüngling mit Pferd / Le jeune homme au cheval. ⟨1905⟩ Öl
    Stilleben / Fleurs. ⟨1907⟩ Öl
    Weibliches Bildnis / Torse de femme. ⟨1905⟩ Öl
    Zwei nackte Frauen / Deux nus. ⟨1908⟩ Öl
    Stilleben / Le bock. ⟨1910⟩ Öl
    Die Violine / Le violon. ⟨1913⟩ Öl
    Männlicher Kopf / Tête d'homme. ⟨1913⟩ Zeichnung

In Daniel Henry: „Der Weg zum Kubismus". Mit 6 Kupferdrucktafeln und 47 Abbildungen. 1. Auflage. 1920
    Zwei Akte / Deux nus. ⟨1909⟩ Radierung
    Stilleben / Nature morte. ⟨1909⟩ Radierung
    Männlicher Kopf / Tête d'homme. ⟨1912⟩ Radierung
    Illustration zu Max Jacob „Le Siège de Jérusalem". ⟨1914⟩ Radierung
    Akt / Nu. ⟨1910⟩ Federzeichnung
    Akt / Nu. ⟨1906⟩ Öl
    Männlicher Akt / Homme nu assis. ⟨1906⟩ Öl
    Blumen / Fleurs. ⟨1907⟩ Öl
    Sitzende / Femme assise. ⟨1908⟩ Öl
    Frau mit Mandoline / La femme à la mandoline. ⟨1909⟩ Öl
    Frau mit Hut / La femme au chapeau. ⟨1909⟩ Öl
    Frau mit Mantille / La femme à la mantille. ⟨1910⟩ Öl
    Frau mit Mandoline / La femme à la mandoline. ⟨1911⟩ Öl
    Stilleben mit Rumflasche / La bouteille de rhum. ⟨1911⟩ Öl
    Männlicher Kopf / Tête d'homme. ⟨1912⟩ Zeichnung

Flasche und Gläser / Bouteille et verres. ⟨1912⟩ Öl
Guitarre und Flasche / Guitare et bouteille. ⟨1913⟩ Holz
Absinthglas / Le verre d'absinthe. ⟨1914⟩ Bemalte Bronze
Der Student / L'étudiant. ⟨1914⟩ Öl und Papier
Frau mit Guitarre / La femme à la guitare. ⟨1914⟩ Öl

In Friedrich Märker: „Lebensgefühl und Weltgefühl. Einführung in die Gegenwart und ihre Kunst". Mit 48 Abbildungen. 1. Auflage ⟨1920⟩

Maske / Tête d'homme. ⟨1907⟩ Öl

In Hermann Bahr: „Expressionismus". Mit 18 Kupferdrucktafeln. 5. Auflage ⟨1920⟩

Der Dichter / Le poète. ⟨1913⟩ Öl

In Etta Federn: „Das Bild des Weibes. Ein geistiges Kaleidoskop". Mit 66 Abbildungen. 5. Auflage ⟨1920⟩

Eine Frau / Torse. ⟨1905⟩ Zeichnung

## *Literaturverzeichnis*

Rodriguez Codola: „Exposition Ruiz-Picasso". La Vanguardia, Barcelona
  1897
Raventos: „Notes sur Picasso". Barcelona 1898
Guillaume Apollinaire: „Picasso". La Plume, Paris, Mai 1905
Maurice Raynal: „La Section d'or". Paris 1912
Maurice Raynal: „La Publicidad". Barcelona 1912
Guillaume Apollinaire: „Montjoie". Paris 1913
Guillaume Apollinaire: „Les peintres Cubistes". Paris, Figuière, 1912
Eugeni d'Ors: „Poch a poch". La Veu de Catalunya, Barcelona 1912
Fritz Burger: „Cézanne und Hodler". München, Delphin-Verlag, 1912
Max Raphael: „Von Monet zu Picasso". München, Delphin-Verlag, 1913
Picasso: „Album de reproductions". Roma, Valori Plastici, 1913
Gustave Coquiot: „Cubistes, Futuristes et Passeistes". Paris 1914
Ozenfant et Jeanneret: „Après le Cubisme". 1918
André Salmon: „L'Europe nouvelle". Paris 1919
André Salmon: „Préface au Catalogue de l'Exposition Picasso". Chez Paul
  Rosenberg 1919
Joan Sacs: „Picasso". Vell i nou, Barcelona 1919
Jean Cocteau: „Ode à Picasso". La Belle Edition, Paris 1919
Jean Cocteau: „Le coq et l'arlequin". La Sirène, Paris 1919
M. van Doesburg: „Drie voordrachten over de nieuwe beeldende Kunst".
  Leyden 1919
Maurice Raynal: „Picasso". L'art libre, Bruxelles 1919
Roger Allard: „Le nouveau spectateur". Paris 1919
Pierre Reverdy: „Le cubisme, poésie plastique". L'Art, Paris 1919
J. Junoy: „Arte y artistes". Barcelona 1919
J. Llorens Artigas: „Picasso". La Veu de Catalunya, Barcelona 1919
André Salmon: „L'art vivant". Crès, Paris 1920
André Salmon: „Picasso". L'Esprit nouveau. Paris 1920
Louis Vauxcelles: Le Carnet de la Semaine, Paris 1920

Maurice Raynal: „Picasso", Album de 20 Reproductions. Editions de l'Effort moderne, Paris 1920
Michel Georges Michel: „Picasso". Je sais tout, Paris 1920
Jacques Emile Blanche: „Picasso". Action 1920
Leonce A. Rosenberg: „Cubisme et Tradition". L'Effort moderne, Paris 1920
Camille Mauclair: „L'art indépendant français sous le III. République". Paris 1920
Jean Cocteau: „Carte Blanche". La Sirène, Paris 1920
Daniel Henry: „Der Weg zum Kubismus". München, Delphin-Verlag, 1920
Florent Fels: „Picasso". Das Kunstblatt, Berlin 1921
Ivan Goll: „Die drei guten Geister Frankreichs". Berlin, Erich Reiß, 1920
Armando Ferri: „L'Exposition Picasso". Roma, Valori Plastici, 1920
Ivan Goll: „Über Kubismus". Das Kunstblatt, Berlin 1920
Leonce A. Rosenberg: „Parlons peinture". De Stijl, Leyden 1920
Xenius: „Exposition d'art français d'avant garde à Barcelone". La Publicidad, Barcelona 1920

## *Publikationen mit Beiträgen Picassos*

„Alcools", Poèmes par Guillaume Apollinaire, avec un portrait de l'auteur gravé par Picasso. Mercure de France, 1913
„Saint-Mathorel" par Max Jacob, avec quatre eaux-fortes de Picasso. Edition Kahnweiler 1913
„Le Siège de Jérusalem" par Max Jacob, avec trois eaux-fortes de Picasso. Edition Kahnweiler 1914
„Le Cornet à dés" par Max Jacob, avec une eau-forte de Picasso. Chez l'auteur, 1917
„Le Coq et l'arlequin" par J. Cocteau, avec trois dessins de Picasso. 1919
„Feu de joie" par L. Aragon, avec un dessin de Picasso. Paris 1920
„Le Tricorne enchanté", album de dessins par Picasso. Edition P. Rosenberg

ND 553 P5R315 1921

Raynal, Maurice
Picasso  2., vermehrte Aufl.

# ImTheStory.com

Personalized Classic Books in many genre's

Unique gift for kids, partners, friends, colleagues

Customize:
- Character Names
- Upload your own front/back cover images (optional)
- Inscribe a personal message/dedication on the inside page (optional)

Customize many titles Including
- Alice in Wonderland
- Romeo and Juliet
- The Wizard of Oz
- A Christmas Carol
- Dracula
- Dr. Jekyll & Mr. Hyde
- And more...

CPSIA information can be obtained at www.ICGtesting.com
Printed in the USA
LVOW06s2158171113

361699LV00013B/591/P